Deutschsprachige Erstausgabe
August 2024

DIESES BUCH GEHÖRT

....

INHALTSVERZEICHNIS

RÄTSEL:

Herzlich Willkommen

Lieber Leserin,

Willkommen in einem Buch, das nicht nur deinen Geist in Bewegung hält, sondern auch ein Lächeln auf dein Gesicht zaubern soll! Du hast den Ruhestand erreicht – eine Zeit, die oft als golden bezeichnet wird. Aber wer sagt, dass das Goldene Zeitalter nur zum Ausruhen da ist? Jetzt, wo die Pflichten des Alltags ein wenig nachgelassen haben, ist es an der Zeit, deine grauen Zellen richtig herauszufordern und dabei jede Menge Spaß zu haben.

Dieses Rätselbuch ist speziell für dich gemacht – für kluge Köpfe, die auch im Ruhestand nicht müde werden, Neues zu lernen, Herausforderungen zu meistern und das Leben in vollen Zügen zu genießen. Egal, ob du es liebst, knifflige Sudokus zu lösen, deine Logikfähigkeiten auf die Probe zu stellen, dich durch Labyrinthe zu schlängeln oder mit Worten zu spielen – hier findest du eine bunte Mischung aus Denksportaufgaben, die dich fit und wach halten.

Und weil Lachen bekanntlich die beste Medizin ist, haben wir das Buch mit einer Prise Humor gewürzt. Du wirst auf witzige Sprüche und überraschende Aufgaben stoßen, die nicht nur dein Gehirn fordern, sondern auch dein Herz erfreuen. Denn fit bleiben heißt nicht nur, die Muskeln zu trainieren – es bedeutet auch, den Geist lebendig und den Alltag fröhlich zu halten.

Also, schnapp dir einen Stift, mach es dir bequem und lass uns gemeinsam in dieses Abenteuer eintauchen. Ob du dich durch ein kniffliges Logikrätsel kämpfst, den richtigen Weg aus einem Labyrinth findest oder bei einem Kreuzworträtsel tüftelst – eines ist sicher: Du bleibst geistig in Bestform, und das mit einem Lächeln im Gesicht.

Herzlichst
Lisa Müller

Rätsel
ideales Geschenk zur
Rente
für Frauen
RENTE
Logikrätsel
Sudokus
Wörtersuchrätsel
Quizze
Labyrinthe
uvm.
Lisa Müller

SUDOKU

Ein Sudoku ist ein Zahlenrätsel, bei dem Du ein 9x9-Gitter so ausfüllst, dass jede Zahl von 1 bis 9 in jeder Reihe, Spalte und in jedem 3x3-Quadrat genau einmal vorkommt.

1

4	5	1			7	9		
8	9		6		4		2	1
		2		8		4		
		8	4		5			
				9	6			7
6	3	4					8	
	8		5			6		
	2					1	3	
	4		2	1	9	8		

SUDOKU

2

4		7	8				2	9
8		9						
3		6		7		4		
			5	2			6	8
				8	9			
2	8	4	1			7		
6			4		8	5	3	
			2	3				6
9		2	6		5	8		

SUDOKU

3

7	8			1				
5	4			9	3	7	1	
			8		7	4		3
			9					2
					2	6		4
					6		8	
	2		1		8		4	5
1		4	2		9	8		
8	3	7			4			1

SUDOKU

4

	3		2	9				
			7		5		9	
9		7	8				1	
					1			6
	1	4		8	2			
			3	4	6	5	8	
4		1	6	3			5	9
5								3
3	8	6	4	5				2

SCHERZFRAGE
Wie nennt man Menschen, die montags gut gelaunt sind?
Rentner.

SUDOKU

5

					6			8
2						9		1
	4	3	5		1		2	
4		7		3	2			5
1		6				3	9	
			7					
	5	2	8	9			4	
	3		1		5			2
8			2	6		5	7	9

SUDOKU

6

		4			9	7		3
					1	5		4
			4	2			6	
	6		9	1	2			5
	3			5				
				8	4	1	9	
6	1		5		8			
	4							2
		3	2				1	

SUDOKU

7

3		6		5	7		4	8
5						1		
1		8	3	4			9	
9		2				6		
		5	2		4			9
				8	9			1
2	7	9			3			
4	6	1		7			3	
				9	2			

SUDOKU

8

	7	5	2	4	9			1
1			5	3		6	7	
			1		6	4		2
			3				9	6
		6					3	
9		7		2			1	
8	1			6				
7		9		5			2	
5	2				7			

SUDOKU

9

1	7						9	
4		3						6
5	6		4		2		1	
				6				
3	2	8		7	4	6	5	
				8		4		7
				1	6			2
9	4	7	8				6	
			5					3

SUDOKU

10

	8		2					
		1				9	6	8
	5		8			7	1	
7	6					2		4
		8			9			7
	9					1		
3					1	6	2	
1			9				7	3
		9		6			4	

SCHERZFRAGE
Warum verschwinden Rentner täglich im Internet?
Weil Sie [[Alt]+[Entf] drücken

SUDOKU

11

	8			6		4	2	
4				3	7			
9		6				1		
1	6	8						
	3		8	5			1	
	2		3	1			8	7
				4		7	3	
	4		2		1		9	
		5				8	4	

SUDOKU

12

			4	3	2	9		
7	5	2		6			3	4
		4		7	8			
6	7	3	2	1	4	5		9
8			3				6	1
			6			3		
		1	8				4	
	6				9		5	
		7		5		6		

SUDOKU

13

	8							1
	1		3				4	9
		4	2	1		5		
7		9		3				2
2		8	9			1		7
6			8			3		4
			1			7		
8		3		5				6
			4		3	9	2	8

SUDOKU

14

		1			4			
		9	3	6			7	1
	3			5	9		8	
6			2			7		
		2		8			4	6
							2	8
	8	3		4	5	1		
4		6		3				9
			6	1		8	3	

SUDOKU

15

1			3	5				
							4	9
			4	9	1			7
				4				
5	6	4	1	7		2	8	
8	7			6				
						4	1	5
	1			2				6
	9	6		1	5			8

SUDOKU

16

	5			1	8			
			4	6	3		5	
	1	6		5				2
9		7	3					
	3					8		7
5	8				6	4	9	
	9				1			
2		5		9				6
	6	8	5					9

LOGIKRÄTSEL

DREHE NUR EIN STREICHHOLZ, DAMIT DIE GLEICHUNG STIMMT (OHNE DIE STELLE DES STREICHHOLZES ZU ÄNDERN).

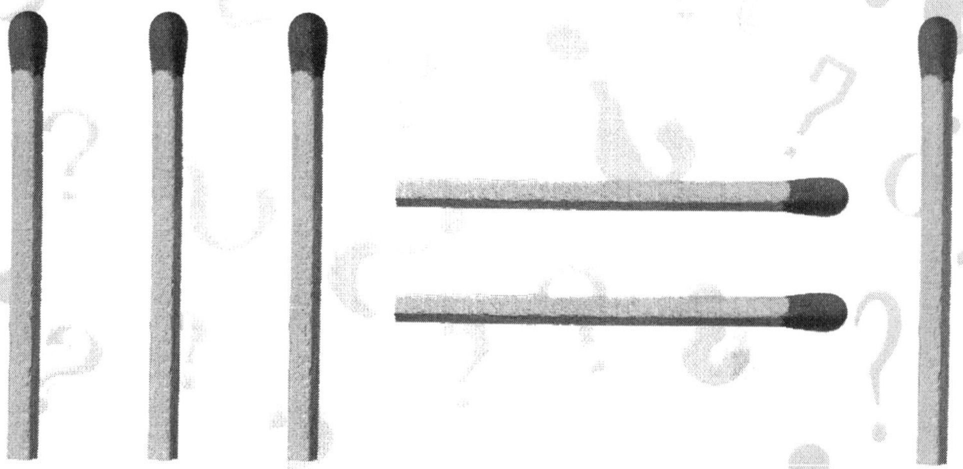

2 LOGIKRÄTSEL

LEGE DREI STREICHHÖLZER SO UM, DASS AUS DEN FÜNF QUADRATEN VIER WERDEN, DIE ALLE GLEICH GROSS SIND – GENAUSO GROSS WIE DIE UR SPRÜNGLICHEN QUADRATE.

LOGIKRÄTSEL

3 **LEGE ZWEI STREICHHÖLZER SO UM, DASS VIER DREIECKE ENTSTEHEN, DIE ALLE GLEICH GROSS SIND.**

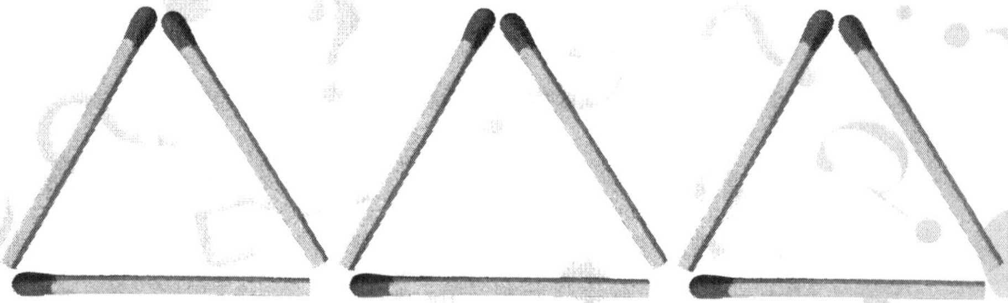

4 **EINE EINFACHE STREICHHOLZAUFGABE: 13 EINER GLEICH ZEHN.**

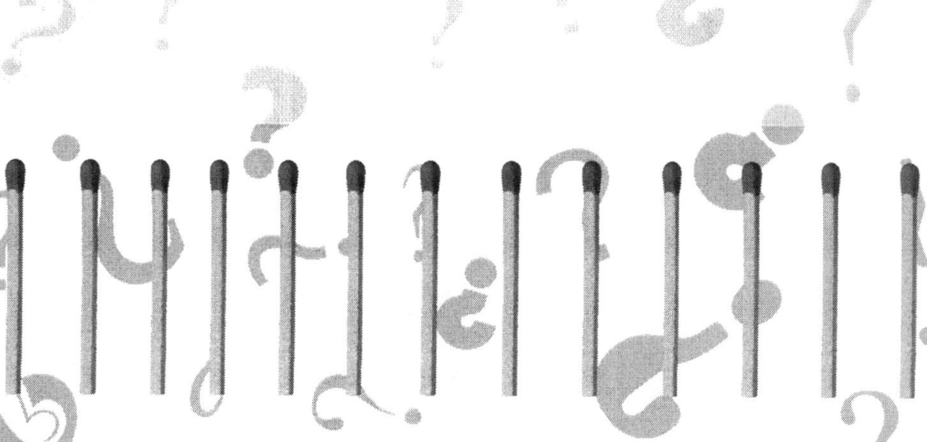

5 LOGIKRÄTSEL

LEGE 2 STREICHHÖLZER SO UM, DASS DIE GLEICHUNG STIMMT

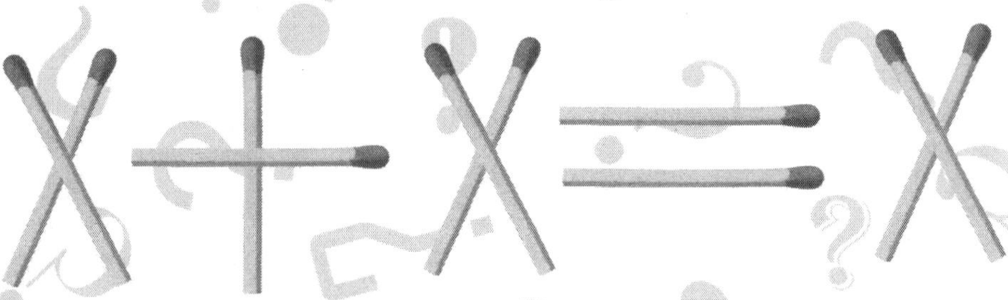

6 WIEVIELE FLÄCHEN HAT DAS "E"?

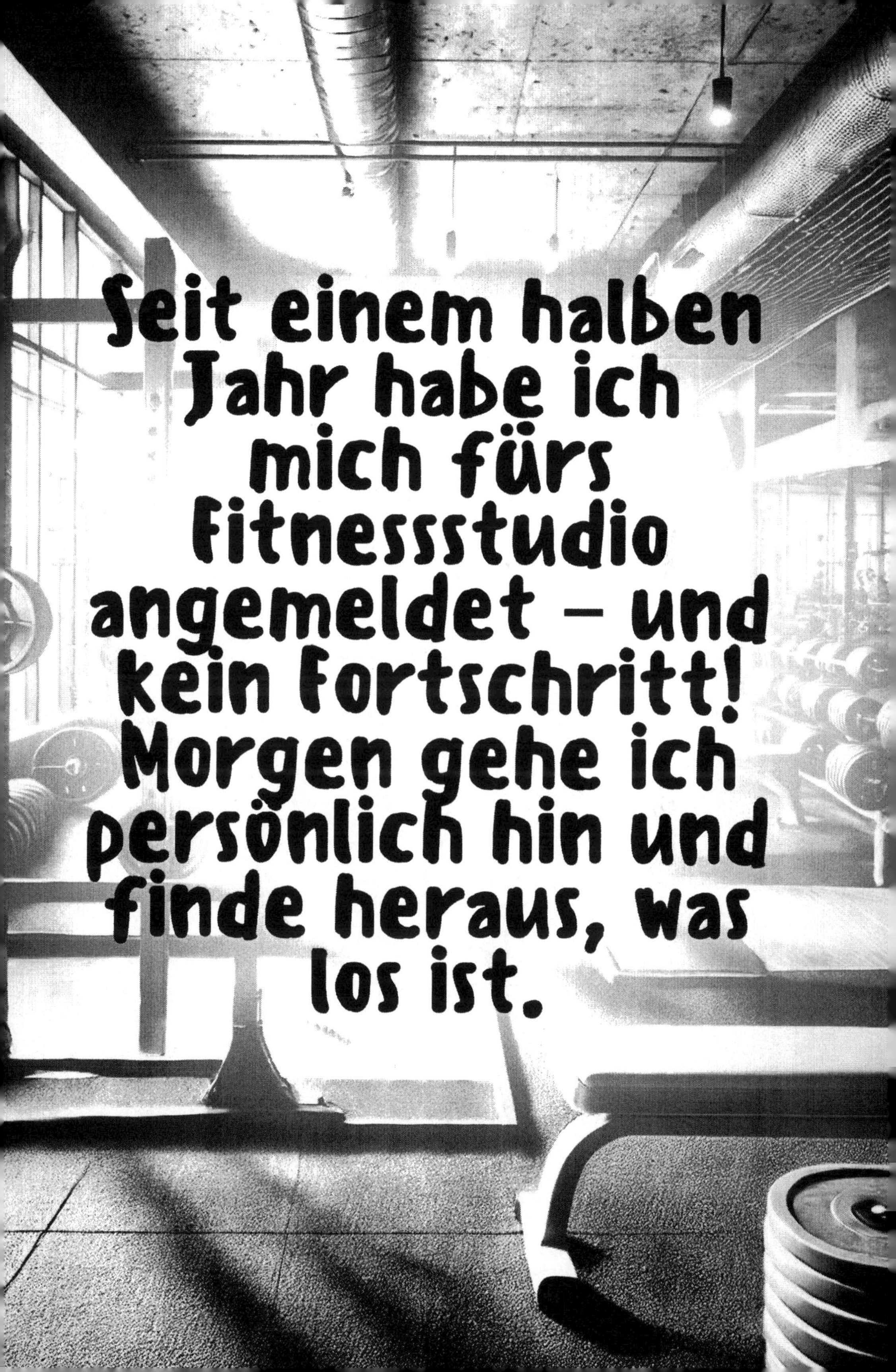
Seit einem halben Jahr habe ich mich fürs Fitnessstudio angemeldet – und kein Fortschritt! Morgen gehe ich persönlich hin und finde heraus, was los ist.

FINDE DIE FETTNÄPFCHEN! 1

1	1	1		1	1	1	1	
1		1		1		1	1	1
2	2	2		1	2	2	1	
1		1			2		2	
1	2	2	1		2		2	
	2		2		1	1	1	
1	3		2					
1		3	2	1				
1	1	2		1				

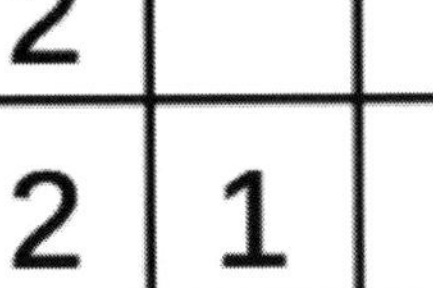

FINDE DIE FETTNÄPFCHEN! 2

2		3	1	2		2	
2			1	2		3	1
1	2	2	1	1	1	3	
						2	
	1	1	1		1	2	2
	1		2	1	3		2
	1	1	2		3		3
			1	1	2	2	

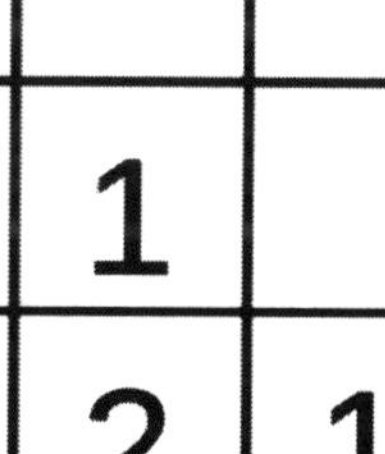

FINDE DIE FETTNÄPFCHEN! 3

3		2		1		1	
		3	1	1	1	1	
2	3		1				
	1	2	2	1			
1	1	1		2	2	2	1
	3	2	1	2			1
		1		1	2	2	1
2	2	1					

FINDE DIE FETTNÄPFCHEN! 4

	1		1			1	
	1	1	1	1	1	2	1
	1	1	1	1		1	
1	2		1	1	2	2	1
2		2	1		2		3
	2	1			2		
1	2	1	1		1	2	2
	1		1				

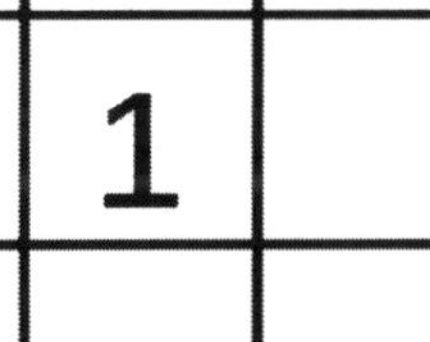

FINDE DIE FETTNÄPFCHEN!

5

		2				2	
3		2	1	1	1	3	
1	2	2	2		1	2	
	1		2	2	2	2	1
	1	1	1	1		1	
1	1			1	1	1	
	1	1	1	1	1	1	1
1	1	1		1	1		1

FINDE DIE FETTNÄPFCHEN! 6

	2	1			1			1
2		1	1	1	2	2	2	1
1	1	1	1		2	1		
			1	2		1	1	1
				1	1	1	1	
				1	1	1	1	1
		1	1	2		1		
1	1	1		2	2	2	1	
	1	1	1	1	1		1	

FINDE DAS FETTNÄFCHEN! 7

		2		3	3				3		1			1	
3	3	4	3			3	5		4	1	1		1	2	2
1		2		4	3	2	2		2			1	2		1
1	2	3	2	2		2	2	1	1			1		2	1
2	3		1	1	3		3	1				2	2	2	
		3	2	1	2			1				1		1	
3	3	2		1	1	2	2	1		1	1	2	1	1	
	1	1	2	2	2	1	1			1		1			
3	4	2	3		3		2	1		1	2	3	3	3	2
			3		3	2		2	1		1				
3		4	3	3	2	2	2		2	1	2	2	3	3	2
2	2	2		2		1	1	1	2		2	1			
	2	1	1	2	1	1			1	3		2			
	2								1	3		2	1	1	1
1	1	1	1	1		1	1	1	1		3	2	2		1
		1		1		1		1	1	1	2		2	1	1
1	1	3	3	3	1	2	2	3	2	2	2	1	1		
2		4			1	1		3			2				
2		5		4	3	4	3	4			2			1	1
1	2		2	3				2	2	2	1			1	
1	2	2	3	5		5	2	1					1	2	2
	1	1				3	1	1	1		1	1	2		1
2	2	1	2	4		2	1		1		2		4	3	3
	1			2	2	2	2	2	2		2		4		
2	3	1	1	1		2	2		1		1	2		4	3
	3		1	2	3	4		2	1			1	1	2	
3		3	1	2			2	1						1	1
3		3		2		4	2			1	1	1	1	1	1
2		2		2	4		2			1		2	2		1
1	1	1		1			2			1	2		2	1	1

FINDE DAS FETTNÄFCHEN!

2			3		1	1		2	1	1	1	2		3	
2		5		3	1	1	2		2	2		3	4		4
1	1	3		2			1	1	2		3		3		
1	1	3	3	4	2	1			1	1	2	2	4	4	3
2		3				1	1	1	1			1			1
	3	5			4	2	1		1		1	2	3	2	1
3		3		5		1	2	2	2		1		2	1	1
	3	3	3		3	3	3		2	2	3	2	2		1
	2	1		2	2			2	2			1	1	1	1
2	2	1	1	1	2	3	4	2	2	2	3	2	2	1	1
	2	1	1		1		2		2	1	1		2		1
1	3		3	1	1	1	3	3		1	1	1	2	2	2
1	4			1			2		3	1				1	
1			4	2	1	1	2		2		1	2	2	3	2
2	4		4	3		2	3	2	2		1			2	
1		3			4		3		2	2	3	3	2	2	1
1	1	2	3	3	4		3	1	2			2			
			1		2	1	1		1	3		2			
			2	2	2	1	1	1		1	2	2	1		
			1		1	1		1			1		1		
		1	2	2	1	2	3	3	1		2	2	2		
1	1	2		1		2			2	1	2		3	1	1
1		4	3	3	1	3		4		1	2		3		1
1	2			2		2	1	2	1	1	1	1	2	2	2
1	2	2	2	2	1	1					1	1	1	2	
	2	1	1			1	1	1			1		2	4	
1	3		2			1		1			1	2		3	
1	3		2			2	2	2			1	2	2	2	1
1		2	1	1	1	2		1			1		2	1	
1	1	1		1		2	1	1			1	2		1	

FINDE DAS FETTNÄFCHEN!

9

	1	1	1				2			2		1	1		1
	1		1				3		5	3	2	1	1	1	1
	1	1	1				2		3		1			1	1
	1	1	1				1	2	3	2	1			1	
1	3		2					1		1			1	3	3
	5		5	2	2	2	2	2	2	2	1		1		
2					2			1	1		1		1	2	2
1	2	3	4	3	3	2	2	1	1	1	1	1	1	1	
		1	2		2	1	1	2	3	2	2	3		2	
1	1	1		3		2	2				2			3	
	2	1	1	2	3		3	2	3	3	3	5		3	
	2	1	1	1	2		3	1	2	2		3		2	
2	2	2		2	3	3	4		2		2	2	1	1	
2		3	2		2			2	2	1	2	1	1		
3		3	1	1	2	2	3	3	2	1	1		2	2	2
2		3	1	1		1	2			2	2	2	3		
1	1	2		1		1		4	4		2	2		5	
		1	1	1		1	2		3	3		3	3	6	
1	2	2	1				1	2	3		2	2			
1			1		1	1	2	3		3	1	2	3	4	2
2	4	4	2		1		2			4	2	2		1	
1			1		1	1	2	2	3			3	2	2	1
3	5	4	2					1	2	4		2	1		1
			2	1	1			1		2	1	1	1	2	2
2	4	3	4		2			1	1	2	1	1		2	
	1		3		2		1	1	2	2		1		2	
1	2	3	3	2	1		1		2		2	1		1	1
1		2		1	1	2	3	2	2	2	2	1		1	1
1	1	2	1	1	2			2	2	2		2	1	2	
					2		4		2		3		1	2	

FINDE DAS FETTNÄFCHEN! 10

				1	1	1								1	
		1	2	3		2	1	1	1	1				1	1
2	2	3			3		1	1		1			1	2	2
		4		4	3	2	2	1	1	2	1	1	1		
3	4	5		2	1		1		1	2		1	1	2	2
2			2	1	1	1	1		1		3	3	1	2	1
2		4	3	1	1		1	1	2	2		2		2	
2	3		3		3	2	3		3	3	3	3	3	4	3
2		3	4		4			3			2		3		
	2	2		2	4		4	2	2	2	3	3		5	
1	1	1	1	1	2		2				2		4	4	
				1	2	2	2	1	1		2			3	2
	1	1	1	1		1	1		1		1	2	3		1
1	2		2	2	1	1	1	1	1	1	2	2	2	1	1
	3	3		1					1	2			3	2	2
1	2		2	1				1	3		5		4		
1	2	2	2	1				1			3	2		4	3
	1	1		1				1	2	2	1	1	2		1
2	2	2	1	1	1	1	1						1	1	1
2		2	1	1	3		4	2	2	1	1			1	1
2		2	1		3				3		2	1		1	
1	1	1	1	2	3	3	4	4		3		1		1	1
1	2	1	1	2		2	1		3	3	2	1			
	4		2	2		2	2	2	3		2	1	1		
	4		2	1	1	1	1		4	3	3		1		
1	2	1	1		1	1	2	3			3	3	2	2	1
			1	1	2		1	2		4		3		3	
	1	1	2		3	2	2	1	2	3	2	3		4	2
1	2		2	2	3		1		1		2	2	1	2	
1		2	1	1		2	1		1	2		1		1	1

FINDE DAS FETTNÄFCHEN! 11

	1		2	1	1							1			2
	1	1	3		3	1	1		1	1	1	1	2	3	
		1	3		4		1	1	2		1		1	2	2
1	1	2		4		2	1	1		2	2	1	2		1
1		2	2		2	1	1	2	2	1	1		2	2	2
1	1	1	1	1	1		1		1		1	2	2	2	
	1	1	1				1	2	2	1		1		4	3
	2		2		1	1	1	1		1		1	2		
	2		2		2		2	1	1	1	1	2	3	3	2
	2	2	2		2		3	1	1	1	2			2	
	2		2		1	2		1	2		4	4		2	
	3		4	1	1	1	1	1	2			4	2	2	
	3		5		2	1	1	1	1	3		4		3	1
	2		5		3	1		1		1	1	4			1
1	3	3	6		3	1	1	1		1	1	3		3	1
	2				3	1			1	2		3	2	2	
1	2	2	3	3		1			1		2	2		1	
1	2	2	1	1	1	2	1	1	1	1	1	1	2	3	2
1			3	1	1	2		2					1		
1	3		4		3	3		2	1	1	1		2	3	3
	2	2	4			2	1	1	1		1	1	2		1
2	3		2	3	3	2			1	1	1	1		3	2
		2	2	2		1					1	2	2	2	
2	3	2	2		3	2		1	2	3	4		4	3	2
	2		4	3		1		1							1
	3			3	1	1		1	3		6	6	5	4	2
	2			3					1	2				3	
1	2	3		2	1	1	1			2	3	4	2	4	
	2	1	2	3	3		1			2		2		2	
	2		1			2	1			2		2		1	1

FINDE DAS FETTNÄFCHEN! 12

1	2	1	2		2	2	2	1	1		2			1	
	2		2	1	3			1	1	1	2	2	2	1	
2	4	3	2		2		5	3	1						
1			2	1	2	2			2						
1	3	3	3		1	1	3		4	2	1				
1	2		3	2	2	2	4	5			2	1	1		
2		4		1	1					3	3		2		
2		5	4	3	2	2	4	4	4	2	4		3		
1	2				1		1		4		4		2		
1	2	2	4	3	2		1	2			4	2	2		
	1		1		1			1	2	3	3		1	1	1
2	2	1	2	2	1					1		2	1	1	
	1	1		1						1	2	3	2	2	1
1	2	2	2	1		1	1	1		1	3			2	1
1	2		2	2	2	3		1		1			6		2
1		4		2			3	1		1	4		5		2
2	3		2	2	3		2	1	2	2	4		5	2	1
1		2	1		2	2	2	1			3			2	1
2	2	1			1		1	1	2	2	3	3	3	2	
	1				1	2	2	1			2		3	2	1
2	3	2	2	2	1	2		2	1	1	2			2	
	2			3		3	3	4		1	1	3		2	
1	2	2	3		2	3			2	1		1	1	1	
2	2	2	2	2	1	2		5	3	1			1	1	1
		2		1		1	2			1			1		1
2	2	3	3	3	1		1	3	3	2			1	1	1
1	1	2			1			1		1					
2		3	2	2	1		1	2	2	1					
2		3	2	2	2	1	3		3	1			1	1	1
1	1	2			2		3			1			1		1

IM LABYRINTH DES LEBENS

IM LABYRINTH DES LEBENS

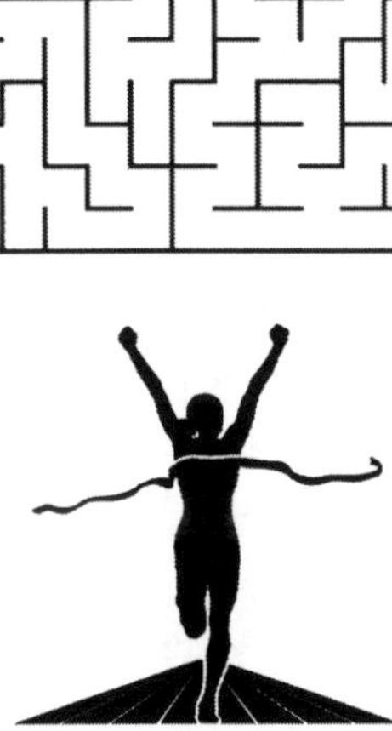

IM LABYRINTH DES LEBENS

Die längste und gefährlichste Reise beginnt mit den Worten: “Ich kenne da eine Abkürzung!”

IM LABYRINTH DES LEBENS

IM LABYRINTH DES LEBENS

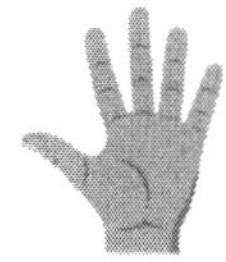

IM LABYRINTH DES LEBENS

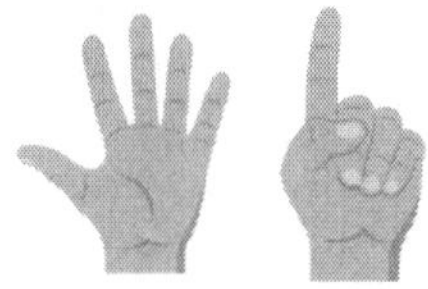

IM LABYRINTH DES LEBESN

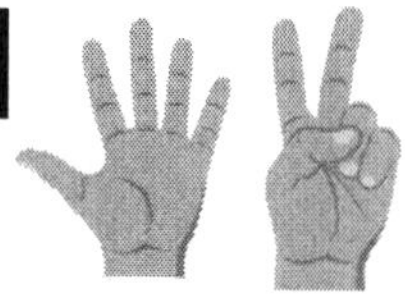

IM LABYRINTH DES LEBENS

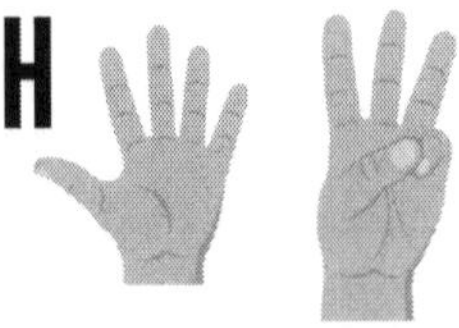

IM LABYRINTH DES LEBENS

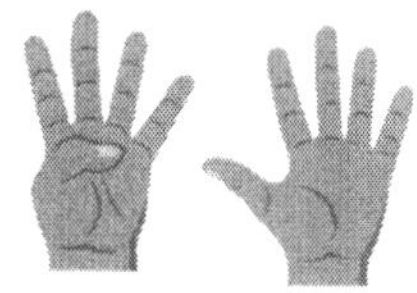

IM LABYRINTH DES LEBENS

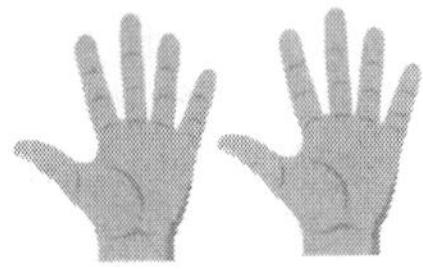

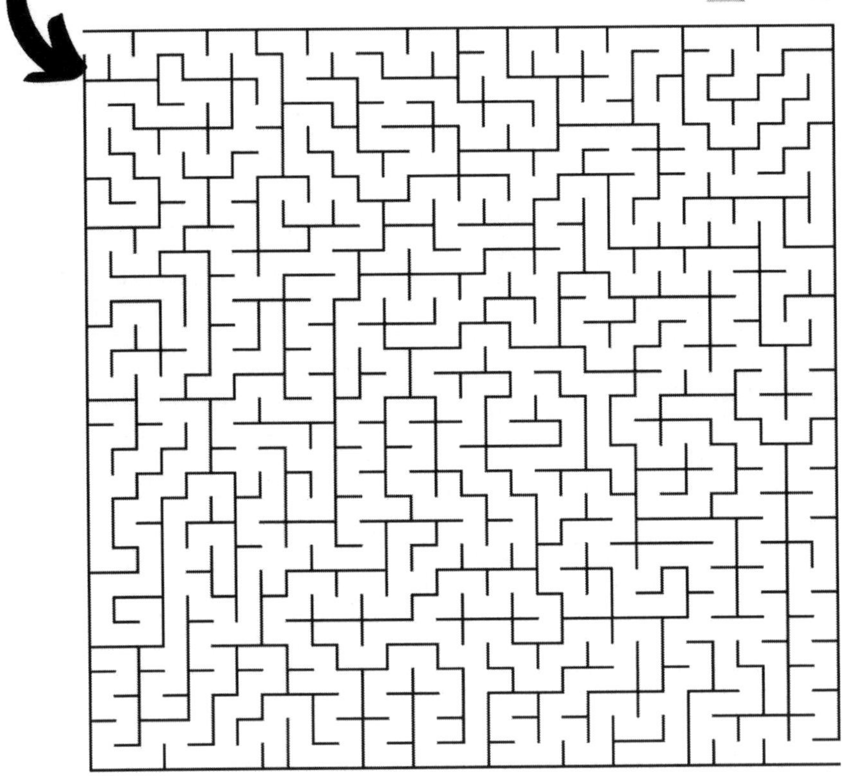

WORTFINDUNGSSTÖRUNG? NICHT BEI MIR! 1

C	Y	E	D	I	W	R	P	V	E	N	T	S	P	A	N	N	U	N	G
Y	A	N	I	C	K	E	R	C	H	E	N	L	S	Q	M	J	K	H	O
Z	E	Q	N	Q	Q	D	E	N	K	E	L	K	I	N	D	E	R	O	U
P	Z	B	I	P	T	D	W	K	P	P	E	N	S	I	O	N	F	B	K
L	E	D	M	A	O	R	I	A	I	T	M	W	U	Z	O	Z	S	B	A
I	J	R	Z	E	S	L	E	A	E	Y	M	O	B	S	S	I	B	Y	F
S	K	E	D	H	E	L	X	K	E	F	Z	R	D	L	N	J	C	F	F
T	V	I	J	R	N	F	M	E	F	K	G	U	R	E	M	L	W	R	E
X	X	S	I	E	I	B	X	B	P	M	G	H	B	B	Q	G	L	C	E
J	Z	E	A	N	O	J	S	E	V	V	A	E	Z	E	B	A	B	D	K
E	V	N	E	A	R	R	H	E	L	J	X	S	Z	N	J	R	L	R	R
A	E	Z	M	M	E	I	S	W	S	S	A	T	J	S	F	T	J	J	A
K	C	C	Q	T	N	N	Z	E	I	T	J	A	L	F	L	E	U	H	E
U	F	D	J	O	R	U	G	U	N	H	D	N	F	R	H	N	H	F	N
O	Q	N	U	M	A	A	D	N	T	H	Z	D	E	E	B	K	R	E	Z
R	A	J	R	D	B	F	R	E	I	Z	E	I	T	U	M	Y	C	G	C
B	X	K	L	G	A	R	G	C	B	X	S	P	D	D	W	U	Y	N	H
R	I	T	A	E	T	S	G	B	D	A	C	S	P	E	Y	B	Z	D	E
A	T	I	U	F	T	G	E	W	H	A	D	R	U	B	N	X	N	Q	N
Y	H	X	B	K	E	M	K	R	J	X	Y	J	K	R	V	J	Z	P	Q

Ruhestand	Zeit	Ehrenamt
Freizeit	Hobby	Kaffeekränzchen
Pension	Reisen	Nickerchen
Entspannung	Enkelkinder	Urlaub
Seniorenrabatt	Garten	Lebensfreude

WORTFINDUNGSSTÖRUNG? NICHT BEI MIR!

2

G	E	S	E	L	L	I	G	K	E	I	T	W	B	H	D	S	R	G	W
X	W	C	Z	H	F	V	K	P	P	E	Q	H	S	E	R	H	V	A	A
P	E	X	M	Z	W	U	R	E	F	W	T	B	G	E	S	D	G	X	L
H	R	L	J	R	W	I	E	N	A	A	D	X	Q	X	P	J	X	H	T
V	M	L	C	S	A	H	U	S	V	N	E	Z	R	N	A	A	R	I	E
Z	Q	J	X	F	H	O	Z	I	J	D	N	T	V	G	Z	L	C	Z	R
A	C	D	S	E	R	I	W	O	T	E	K	Z	I	E	I	U	S	I	S
M	R	F	D	H	X	Q	O	N	W	R	E	W	U	S	E	F	T	I	W
E	H	O	F	R	J	W	R	I	Q	L	L	P	M	M	R	R	B	D	E
V	I	G	S	E	W	J	T	E	J	U	A	P	B	W	G	Y	F	H	I
T	E	Y	S	N	P	I	R	R	A	S	C	R	U	H	A	K	O	E	S
M	D	M	U	A	O	F	A	U	R	T	L	F	C	A	N	R	R	R	H
T	U	C	Z	M	B	Y	E	N	D	A	C	C	X	N	G	E	G	H	E
W	O	Q	E	T	U	J	T	G	Q	W	W	Q	K	G	T	B	N	O	I
R	G	K	V	W	S	N	S	E	S	U	D	O	K	U	Q	V	M	L	T
Y	Q	Y	W	W	B	G	E	I	U	N	E	I	T	T	C	X	E	U	L
E	O	M	C	J	D	R	L	L	E	S	E	B	R	I	L	L	E	N	U
U	E	N	T	S	C	H	L	E	U	N	I	G	U	N	G	S	Z	G	O
N	L	I	E	B	E	T	L	Q	A	U	S	F	L	U	G	C	F	K	V
L	I	R	X	T	N	A	G	G	D	S	I	R	B	G	H	J	L	I	C

Pensionierung
Entschleunigung
Wanderlust
Enkel
Liebe

Ehrenamt
Lesebrille
Kreuzworträtsel
Sudoku
Geselligkeit

Spaziergang
Ausflug
Erholung
Altersweisheit

WORTFINDUNGSSTÖRUNG? NICHT BEI MIR!

3

Y	A	F	R	E	U	N	D	S	C	H	A	F	T	Q	C	L	N	U	T
R	E	O	F	M	N	Z	K	O	G	W	O	W	Q	J	L	M	J	U	V
S	S	Q	Z	X	K	R	M	O	A	S	R	W	I	G	E	E	X	Q	O
W	Q	F	I	T	N	E	S	S	R	P	J	O	D	B	B	Q	F	N	U
D	A	T	L	B	Y	H	F	L	T	B	N	H	Z	Y	E	Q	K	J	A
E	N	S	Z	B	J	Q	J	T	E	H	R	N	E	G	N	E	D	X	H
C	A	R	D	O	S	W	L	P	N	D	U	M	I	A	S	I	Q	M	N
A	C	D	E	R	K	L	E	J	A	T	H	O	T	Q	A	F	V	R	S
Z	H	Q	K	H	A	U	W	T	R	S	E	B	V	L	B	U	Y	Y	F
W	B	E	H	V	F	F	Q	H	B	C	S	I	E	I	E	G	T	V	U
U	A	L	P	R	F	E	R	H	E	I	E	L	R	K	N	X	P	N	J
Q	R	D	U	M	E	K	P	I	I	W	S	M	T	Z	D	J	P	P	E
H	S	U	J	T	E	U	E	U	T	I	S	P	R	Y	X	T	N	N	G
O	C	Y	D	Z	P	C	K	M	J	Z	E	Q	E	G	E	N	U	S	S
B	H	R	S	Z	A	Q	R	Q	H	L	L	U	I	O	N	Y	W	T	B
B	A	M	Z	K	U	I	B	C	Q	P	N	D	B	L	U	J	Y	A	Z
Y	F	I	A	C	S	C	Q	D	H	Y	X	A	J	H	X	D	U	E	S
S	T	O	C	O	E	X	F	R	U	E	H	R	E	N	T	E	P	O	P
Y	J	L	P	X	F	E	R	I	N	N	E	R	U	N	G	E	N	M	T
U	D	P	C	T	H	R	E	N	T	E	N	B	E	S	C	H	E	I	D

Fruehrente
Gartenarbeit
Zeitvertreib
Fitness
Wohnmobil

Kaffeepause
Erinnerungen
Hobbys
Nachbarschaft
Freundschaft

Rentenbescheid
Lebensabend
Genuss
Ruhesessel

WORTFINDUNGSSTÖRUNG? NICHT BEI MIR! 4

F	D	L	J	O	C	N	L	P	Y	P	C	N	M	F	P	S	J	B	J
R	D	K	E	E	F	U	R	L	A	U	B	S	P	L	A	N	U	N	G
V	S	E	N	I	O	R	E	N	T	R	E	F	F	B	M	I	R	N	V
S	K	E	J	P	S	E	N	I	O	R	E	N	L	E	B	E	N	T	L
W	X	Y	L	L	L	X	M	C	S	F	O	D	R	I	J	F	P	H	Z
U	R	N	D	L	Z	I	K	U	L	T	U	R	P	B	E	I	X	E	Z
O	U	J	J	M	M	P	N	E	I	Z	E	L	O	A	N	P	R	A	C
O	H	A	M	M	U	S	E	U	M	S	B	E	S	U	C	H	N	T	F
Y	E	Y	H	A	N	D	A	R	B	E	I	T	E	N	H	O	U	E	M
M	P	T	M	A	M	S	I	I	N	S	R	V	I	Y	B	R	Q	R	J
W	H	Z	E	H	B	U	S	R	E	I	S	E	N	H	G	F	A	B	G
A	A	G	L	Z	P	V	K	A	R	T	E	N	S	P	I	E	L	E	R
N	S	E	Z	W	C	C	L	D	E	R	P	C	I	P	Y	Z	Q	S	A
D	E	N	K	H	I	M	Q	R	D	N	Y	K	S	N	H	G	O	U	Y
E	E	I	W	E	L	L	N	E	S	S	O	N	A	H	E	T	V	C	V
R	A	E	W	I	E	N	B	N	M	B	X	I	L	E	Q	M	I	H	H
N	O	S	P	G	N	A	D	Q	G	I	V	Z	S	W	H	W	K	N	K
P	E	S	M	N	C	R	D	V	Q	N	Q	K	U	U	U	N	W	F	R
C	D	E	M	X	H	S	R	B	N	G	S	I	S	O	I	T	N	H	H
C	V	N	D	C	R	E	T	A	H	O	C	A	M	A	S	H	I	P	D

Wellness
Ruhephase
Seniorenleben
Wandern
Urlaubsplanung
Busreisen
Bingo
Handarbeiten
Kartenspiel
Theaterbesuch
Museumsbesuch
Seniorentreff
Genießen Kultur

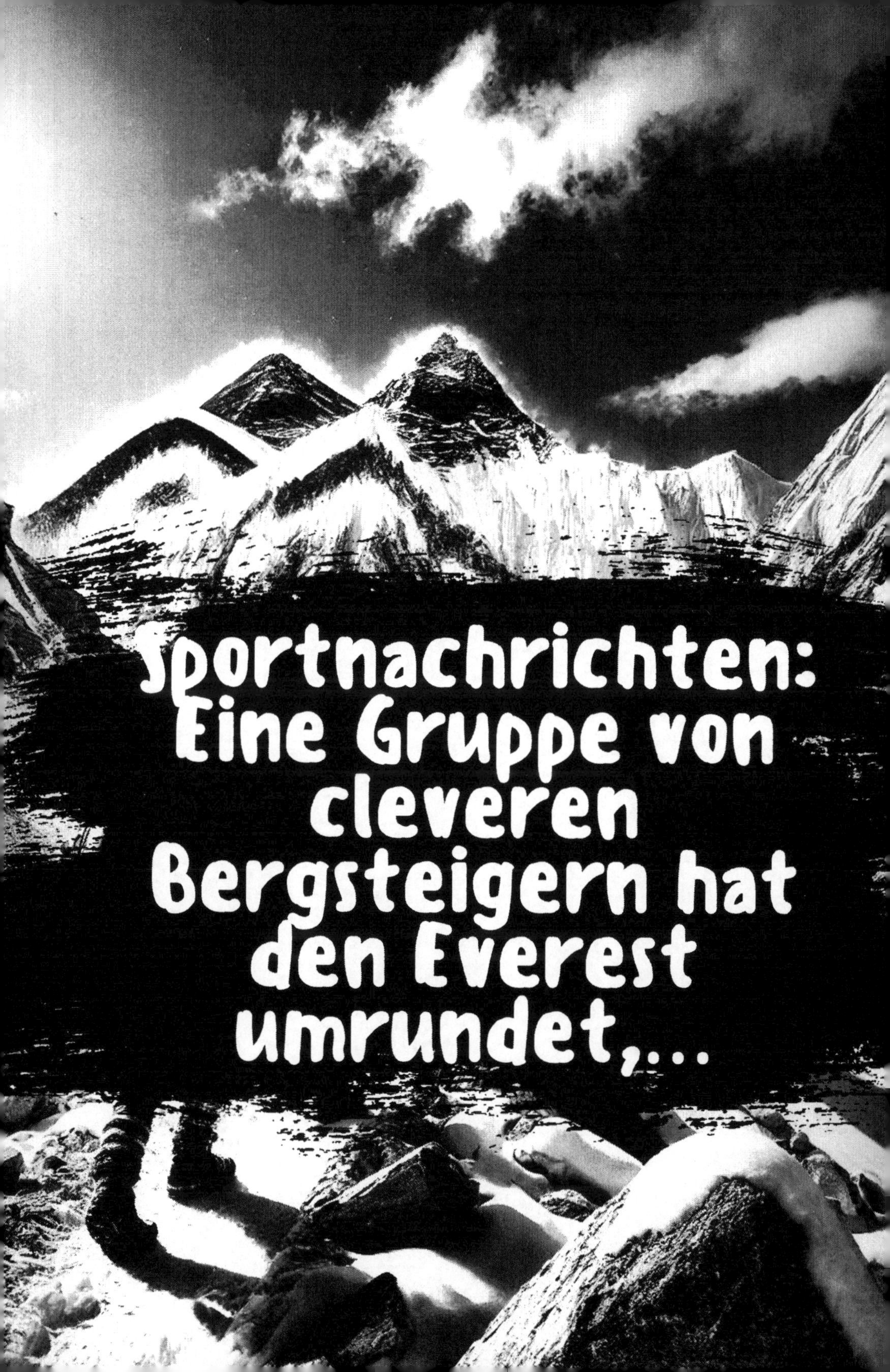
Sportnachrichten:
Eine Gruppe von
cleveren
Bergsteigern hat
den Everest
umrundet,...

WORTFINDUNGSSTÖRUNG? NICHT BEI MIR!

5

E	S	N	F	D	I	S	Q	L	O	B	H	G	M	M	H	L	R	K	K
N	X	F	A	W	K	T	F	A	G	Y	E	R	K	S	G	E	L	G	K
K	N	R	M	O	T	D	A	S	R	K	I	N	V	N	H	S	D	P	B
E	A	I	I	K	A	Q	K	Z	A	R	M	H	T	S	R	E	L	M	A
L	Q	S	L	N	G	W	H	B	E	A	W	H	Y	C	Y	S	Q	T	M
K	B	C	I	K	E	E	C	N	T	W	E	C	E	H	P	T	S	F	L
I	X	H	E	U	S	T	T	I	S	X	R	U	X	A	N	U	A	I	F
N	L	E	N	S	T	Y	Z	F	E	A	K	Z	Y	C	H	N	B	T	M
D	T	L	Z	N	O	J	C	Q	L	A	E	B	J	H	L	D	Q	D	D
E	H	U	E	T	U	U	V	N	N	U	N	F	P	R	I	E	U	X	A
R	G	F	I	Y	R	N	A	T	U	R	A	B	E	N	T	E	U	E	R
W	L	T	T	G	E	H	U	R	U	T	H	E	A	T	E	R	C	L	T
N	Y	H	B	O	N	O	Y	Z	C	S	M	V	F	I	I	T	F	Y	A
B	R	I	E	F	M	A	R	K	E	N	S	A	M	M	L	U	N	G	B
Z	K	I	R	S	C	H	K	E	R	N	K	I	S	S	E	N	D	D	W
O	X	H	U	P	V	T	E	Y	R	Z	M	D	I	N	V	X	G	Y	N
O	U	A	M	O	Z	F	T	X	H	Z	B	V	O	A	Q	Q	M	I	P
L	G	M	S	R	F	O	T	O	G	R	A	F	I	E	E	A	E	G	J
L	T	O	Y	G	Q	L	G	I	M	L	Y	P	G	G	H	N	T	P	T
A	B	O	N	N	E	M	E	N	T	Q	H	G	T	C	S	D	P	Z	X

Familienzeit
Enkelkinder
Schach
Naturabenteuer
Lesestunde

Heimwerken
Kirschkernkissen
Tagestouren
Fotografie
Briefmarkensammlung

Raetseln
Frischeluft
Theater
Abonnement

WORTFINDUNGSSTÖRUNG? NICHT BEI MIR!

6

T	S	N	G	S	N	K	E	X	Q	B	S	V	S	M	L	E	L	O	L
U	Z	X	X	R	Q	U	R	L	G	N	L	A	S	S	B	M	B	M	A
F	E	I	A	V	Z	N	I	J	R	E	P	G	E	S	A	U	H	Z	I
N	L	E	F	M	H	A	N	N	D	L	U	E	N	T	D	S	A	S	R
S	V	L	C	U	F	H	N	U	Q	P	L	N	I	A	E	I	G	J	P
H	D	K	M	Y	M	Q	E	U	H	M	C	U	O	D	K	K	Y	T	T
T	D	R	Q	R	U	N	R	Q	S	R	N	E	R	T	U	G	F	F	X
I	N	M	C	E	X	N	U	A	A	F	A	G	E	P	R	E	A	R	K
E	X	A	D	M	N	Y	N	D	C	L	J	S	N	A	R	N	H	E	T
R	Y	L	B	N	I	C	G	Q	D	F	W	A	S	R	K	U	R	I	U
L	Q	E	O	A	F	Y	S	E	A	P	E	M	P	K	R	S	R	R	D
I	B	R	N	O	R	B	B	F	K	F	T	K	O	Q	Q	S	A	A	Y
E	J	E	S	J	L	Z	U	E	C	R	E	E	R	V	F	C	D	U	C
B	Y	I	G	H	E	G	C	M	I	T	Z	I	T	G	A	Z	F	M	U
E	V	V	Y	M	N	J	H	Y	T	Y	D	T	C	U	T	C	A	N	Z
P	M	G	E	M	U	E	T	L	I	C	H	K	E	I	T	O	H	I	H
N	D	U	S	E	N	I	O	R	E	N	P	A	S	S	O	Z	R	I	K
F	C	H	E	F	B	A	J	O	E	G	O	P	S	Q	Q	P	E	W	B
S	Y	G	C	Y	M	T	A	W	H	A	V	S	P	N	Y	G	N	Y	Q
N	O	L	D	A	E	Z	X	D	O	R	F	L	E	B	E	N	Q	N	Z

Seniorensport
Fahrradfahren
Badekur
Musikgenuss
Malerei

Erinnerungsbuch
Tierliebe
Freiraum
Gemuetlichkeit

Dorfleben
Stadtpark
Seniorenpass
Genuegsamkeit

WORTFINDUNGSSTÖRUNG? NICHT BEI MIR!

7

P	S	A	X	P	I	T	A	G	E	S	A	U	S	F	L	U	E	G	E
T	W	Z	I	A	S	T	H	E	A	T	E	R	G	R	U	P	P	E	D
M	R	U	H	E	S	T	A	N	D	S	S	P	A	S	S	R	G	L	H
M	E	U	E	A	E	Z	M	I	C	E	B	W	N	E	U	W	V	S	A
N	W	F	Z	Q	P	V	M	K	Q	J	P	T	E	K	F	H	X	T	N
E	G	E	H	E	I	M	A	T	U	R	L	A	U	B	W	E	K	R	D
T	E	I	M	P	D	V	H	Z	L	A	U	H	H	U	H	I	M	A	W
K	C	Z	H	R	D	T	L	V	Z	N	H	V	M	B	G	M	E	N	E
N	K	L	T	J	U	U	P	Z	H	S	T	J	Y	T	B	A	Q	D	R
W	O	H	L	F	U	E	H	L	M	O	M	E	N	T	A	T	A	S	K
W	F	B	U	H	H	B	U	C	Q	U	V	O	L	C	L	M	C	P	S
E	N	T	D	E	C	K	E	N	B	E	P	R	G	K	K	U	H	A	K
A	C	U	W	F	U	W	P	W	W	N	A	T	Q	M	O	S	T	Z	U
Y	T	Y	R	C	P	B	U	V	Q	G	K	S	H	E	N	E	S	I	N
P	U	F	A	N	Q	A	L	F	O	I	X	V	C	G	I	U	A	E	S
G	R	P	H	C	E	C	H	D	Y	M	L	E	Z	L	E	M	M	R	T
W	T	T	H	Q	I	K	Q	H	E	L	Q	R	B	F	N	C	K	G	W
F	E	T	G	G	B	E	I	H	O	M	W	E	R	Q	G	V	E	A	N
F	P	Q	D	T	K	N	N	Z	E	A	H	I	F	S	H	I	I	N	I
O	N	K	U	R	U	R	L	A	U	B	R	N	F	O	V	B	T	G	T

Strandspaziergang
Tagesausfluege
Ortsverein
Handwerkskunst
Backen

Entdecken
Balkonien
Achtsamkeit
Wohlfuehlmoment

Kururlaub
Ruhestandsspass
Heimatmuseum
Theatergruppe
Heimaturlaub

WORTFINDUNGSSTÖRUNG? NICHT BEI MIR!

8

B	U	B	V	P	F	L	E	G	E	F	G	M	I	E	B	T	I	U	V
H	A	U	S	A	R	B	E	I	T	R	T	L	O	M	P	K	F	U	N
I	E	N	K	E	L	B	E	T	R	E	U	U	N	G	I	L	P	E	Q
D	A	L	T	E	R	S	V	O	R	S	O	R	G	E	P	J	G	O	C
Q	S	E	L	G	Y	A	T	J	G	A	R	T	E	N	F	E	S	T	P
M	N	D	A	K	T	V	M	N	A	T	U	R	F	R	E	U	N	D	E
T	N	O	N	U	E	E	O	K	L	A	C	A	Y	X	B	J	V	P	T
K	T	J	D	N	U	R	R	V	S	Z	B	L	U	V	V	T	U	K	C
F	T	G	P	S	D	E	G	L	N	F	Z	F	B	L	A	N	U	P	S
K	Z	P	A	T	L	I	E	E	N	G	A	G	E	M	E	N	T	S	K
B	Y	W	R	G	T	N	N	E	J	E	H	Z	U	W	M	F	L	Y	B
I	K	E	T	E	S	E	R	M	T	I	E	R	S	C	H	U	T	Z	P
K	P	C	I	S	J	O	O	Q	F	T	K	J	H	G	I	Q	G	Z	Z
J	U	V	E	C	T	Z	U	A	T	S	D	Z	E	U	H	K	D	S	T
F	Z	T	H	H	N	U	T	Y	R	U	H	E	O	A	S	E	V	V	Y
G	Z	Z	P	I	R	R	I	I	R	E	G	S	K	Y	W	S	O	K	B
E	L	I	J	C	W	O	N	D	O	S	A	Q	L	J	W	J	A	V	U
F	E	A	W	H	W	U	E	U	I	H	C	D	W	C	K	O	S	D	U
N	X	H	K	T	M	I	J	J	S	J	E	P	B	U	N	D	M	L	T
T	Z	F	A	E	E	G	X	V	O	R	H	Q	U	Z	X	X	B	Q	J

Naturfreunde
Landpartie
Tierschutz Verein
Engagement

Hausarbeit
Puzzle
Kunstgeschichte
Enkelbetreuung
Ruheoase

Morgenroutine
Altersvorsorge
Pflege
Gartenfest

WORTFINDUNGSSTÖRUNG? NICHT BEI MIR!

9

Y	E	G	R	E	N	T	N	E	R	T	R	E	F	F	H	C	K	L	M
W	E	S	U	V	V	L	K	B	K	V	A	T	F	G	I	A	R	E	Z
L	X	D	P	O	O	P	V	S	R	U	X	J	E	V	B	U	A	S	M
C	L	U	G	G	G	F	N	Y	A	T	D	W	R	A	Y	G	E	E	K
W	I	L	Y	E	E	L	Z	W	E	A	Y	B	I	Q	X	E	U	Z	F
D	S	T	N	L	L	A	K	G	U	I	Y	I	E	R	I	W	T	I	K
W	M	F	Q	B	H	N	H	E	T	U	D	U	N	M	T	U	E	R	M
F	Z	J	B	E	A	Z	P	M	E	P	X	S	D	H	O	V	R	K	A
P	R	Q	A	O	E	E	F	U	R	R	V	A	O	M	R	D	G	E	S
M	I	Q	L	B	U	N	A	E	K	P	K	L	M	V	P	Q	A	L	S
O	I	R	N	A	S	P	S	S	U	D	M	L	I	D	B	R	R	R	A
H	T	D	Z	C	C	F	K	E	N	J	M	I	Z	A	E	R	T	D	G
Q	Z	L	W	H	H	L	V	A	D	W	Y	F	I	I	P	D	E	G	E
S	H	I	R	T	E	E	X	N	E	A	K	E	L	A	W	K	N	U	N
Q	H	E	E	U	N	G	Y	B	G	P	I	C	K	N	I	C	K	I	H
Z	J	C	K	N	R	E	P	A	M	K	H	H	L	B	B	L	A	O	I
S	H	P	E	G	Z	Y	A	U	A	U	S	G	L	E	I	C	H	G	X
P	N	A	C	H	B	A	R	S	C	H	A	F	T	S	H	I	L	F	E
W	D	A	M	P	F	B	A	D	L	B	U	I	X	E	F	C	T	R	X
P	A	R	W	H	N	B	D	F	U	Y	R	T	L	X	I	A	Z	I	R

Rentnertreff
Ausgleich
Massagen
Dampfbad
Feriendomizil
Picknick
Lesezirkel
Nachbarschaftshilfe
Kraeutergarten
Gemueseanbau
Vogelbeobachtung
Vogelhaeuschen
Pflanzenpflege
Kraeuterkunde

WORTFINDUNGSSTÖRUNG? NICHT BEI MIR! 10

D	K	B	Q	P	M	F	S	C	F	G	E	K	K	E	G	H	I	P	F
H	T	E	S	C	K	R	E	B	T	Y	U	U	E	I	D	O	I	A	E
N	W	R	E	D	W	P	N	E	D	Z	R	L	H	G	A	F	V	K	L
U	L	G	N	Z	O	H	I	R	L	D	Y	T	D	V	M	Y	R	O	D
R	R	W	I	R	H	A	O	G	A	S	I	U	J	C	P	F	G	P	S
L	U	A	O	V	L	U	R	P	N	N	F	R	E	X	F	R	T	X	P
U	D	N	R	S	B	S	E	A	D	U	G	R	J	C	E	D	H	G	A
F	W	D	E	A	E	A	N	N	U	Y	X	E	F	T	R	J	C	M	Z
T	I	E	N	H	F	P	F	O	R	C	B	I	A	N	F	F	D	M	I
K	T	R	W	D	I	O	R	R	L	X	R	S	X	Y	A	G	Z	Y	E
U	Z	N	O	O	N	T	E	A	A	F	A	E	N	W	H	N	T	Q	R
R	P	Y	H	T	D	H	U	M	U	H	D	P	I	P	R	R	H	U	G
O	F	T	N	V	E	E	N	A	B	A	T	L	V	U	T	K	S	X	A
R	F	C	U	V	N	K	D	M	V	K	O	W	A	I	J	S	M	K	N
T	H	I	N	J	Z	E	S	I	B	T	U	U	Q	W	N	S	N	Y	G
E	J	S	G	I	Z	X	C	W	Q	V	R	L	Z	D	V	W	V	T	N
Z	V	F	O	J	G	M	H	S	A	Q	E	W	X	N	P	D	S	H	G
R	L	Z	E	A	E	K	A	F	T	E	N	I	V	R	V	S	Q	H	U
W	V	W	R	W	A	S	F	E	D	F	R	U	E	H	S	P	O	R	T
B	E	X	U	N	D	H	T	B	R	I	E	F	W	E	C	H	S	E	L

Kulturreise
Wohlbefinden
Hausapotheke
Briefwechsel
Fruehsport

Bergwandern
Luftkurort
Radtouren
Bergpanorama
Feldspaziergang

Seniorenfreundschaft
Dampferfahrt
Landurlaub
Seniorenwohnung

WORTFINDUNGSSTÖRUNG? NICHT BEI MIR! 11

C	O	C	K	R	K	U	N	H	E	O	N	R	W	U	O	I	I	J	Q
N	G	E	M	U	E	S	E	G	A	R	T	E	N	U	Y	B	K	D	X
A	W	R	S	F	S	S	A	L	E	H	H	F	Y	S	J	J	V	K	D
C	J	N	G	T	G	G	A	T	I	H	M	N	L	U	S	U	D	P	L
H	Y	S	C	H	N	E	E	S	P	A	Z	I	E	R	G	A	N	G	Q
M	M	B	W	Z	K	B	D	T	T	X	D	O	R	F	F	E	S	T	O
I	J	V	I	Z	F	R	J	K	X	X	L	A	N	D	L	I	E	B	E
T	Y	H	R	I	L	S	P	D	C	O	U	Q	B	M	A	E	M	H	H
T	Y	S	T	A	D	T	B	E	S	I	C	H	T	I	G	U	N	G	O
A	W	A	O	W	W	U	W	O	M	E	D	B	D	G	V	U	J	X	I
G	X	W	B	M	R	B	G	B	P	O	R	A	A	G	H	H	R	N	L
S	G	E	M	A	E	L	D	E	A	U	S	S	T	E	L	L	U	N	G
K	U	U	P	L	E	B	E	N	S	P	L	A	N	U	N	G	S	I	E
A	H	O	Z	Q	M	X	Q	E	H	E	I	M	K	I	N	O	K	E	L
F	I	G	B	D	Q	E	F	L	K	Y	M	C	D	X	F	C	J	P	H
F	G	W	X	Y	I	C	T	A	C	B	N	A	T	U	R	P	A	R	K
E	A	P	K	P	U	W	S	E	N	I	O	R	E	N	K	I	N	O	V
E	E	N	T	S	P	A	N	N	U	N	G	S	O	A	S	E	G	K	P
W	E	I	N	F	E	S	T	Y	N	D	Y	N	Q	B	E	L	N	U	A
E	T	C	D	A	R	Z	E	Q	S	A	U	N	A	O	X	K	T	D	S

Lebensplanung
Entspannungsoase
Sauna
Weinfest Dorffest
Gemaeldeausstellung
Seniorenkino
Nachmittagskaffee
Schneespaziergang
Stadtbesichtigung
Naturpark
Landliebe
Heimkino
Gemuesegarten

Der olympische Slogan „Schneller! Höher! Stärker!“ wurde von jemandem erfunden, den es im Rücken sehr stark juckte.

FIT IM KOPF!

1

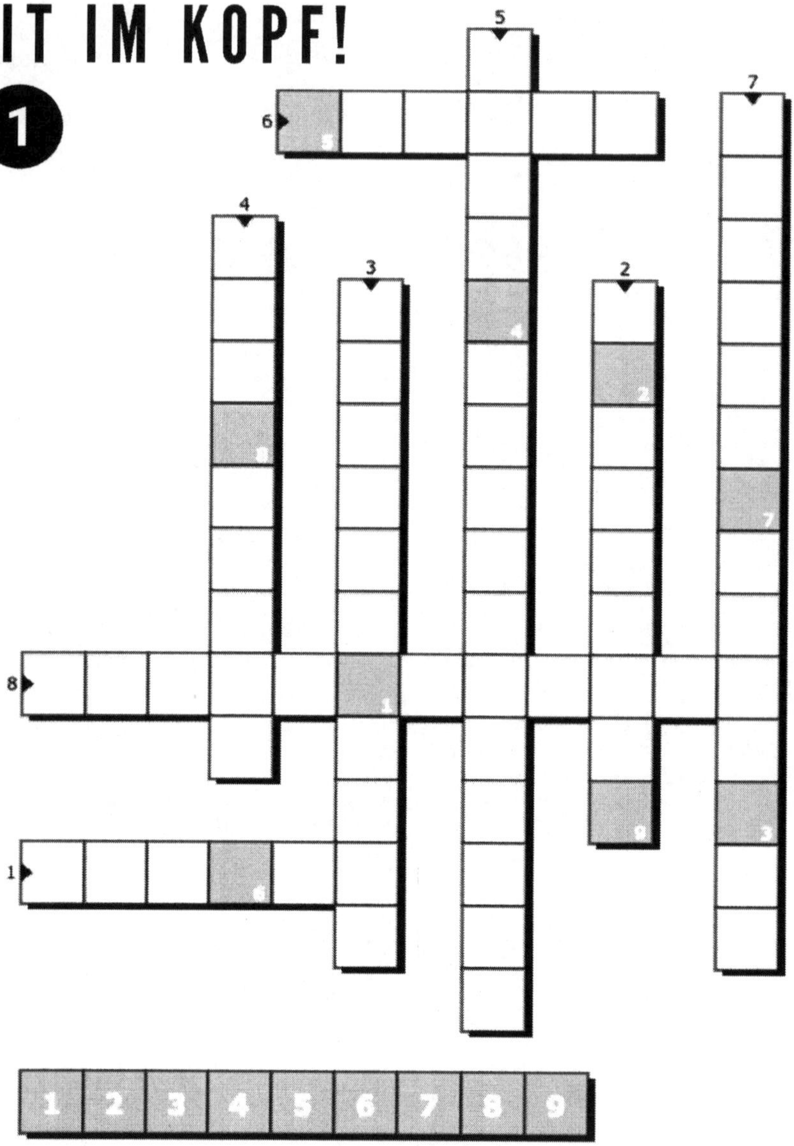

1. Wo verbringt man oft viel Zeit in der Rente?
2. Wie nennt man den Lebensabschnitt nach dem Berufsleben?
3. Was machen viele Senioren gerne morgens im Park?
4. Welches Fortbewegungsmittel wird oft fuer lange Reisen im Ruhestand genutzt?
5. Was ist eine typische Aktivitaet fuer Rentner am Sonntag?
6. Welches Spiel wird oft von Senioren in Parks gespielt?
7. Was haengt im Garten und wird von Voegeln genutzt?
8. Wie nennt man ein haeufiges Seniorenrabatt-Angebot fuer oeffentliche Verkehrsmittel?

FIT IM KOPF! 2

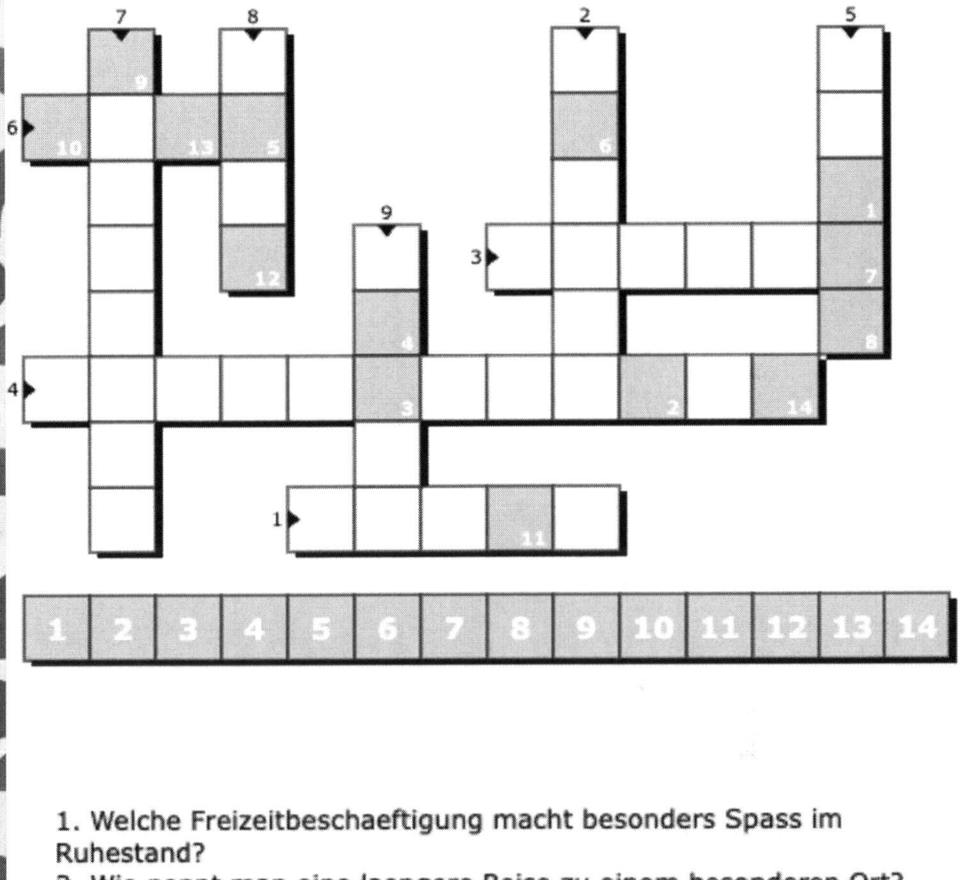

1. Welche Freizeitbeschaeftigung macht besonders Spass im Ruhestand?
2. Wie nennt man eine laengere Reise zu einem besonderen Ort?
3. Was trinken Senioren gerne am Nachmittag?
4. Welche Taetigkeit ist typisch fuer Senioren im Garten?
5. Wie nennt man eine ruhige Aktivitaet mit Buch und Tee?
6. Welches Fahrzeug nutzen Rentner oft fuer Tagesausfluege?
7. Was nimmt man mit auf eine Wanderung?
8. Welche Art von Aktivitaet bietet Entspannung und koerperliche Bewegung?
9. Wie nennt man ein beliebtes Gesellschaftsspiel fuer Senioren?

FIT IM KOPF! 3

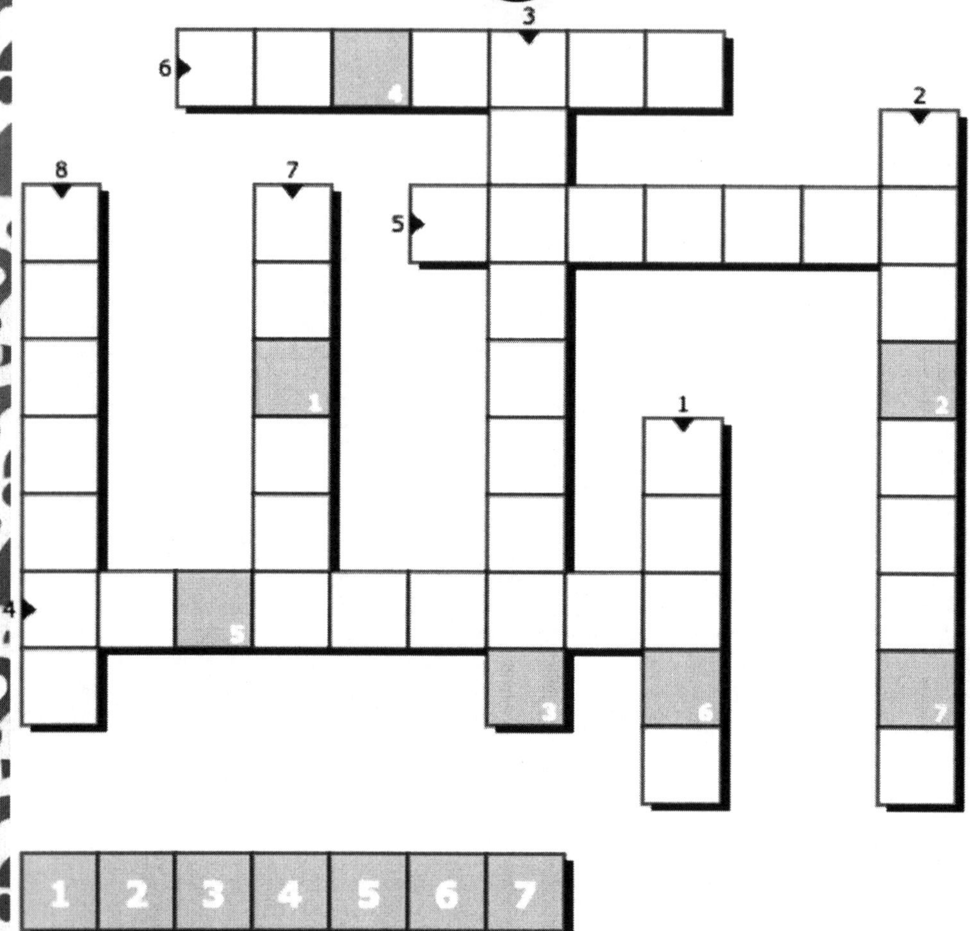

1. Was haengt man gerne an die Wand zur Erinnerung?
2. Welche Jahreszeit lieben viele Senioren wegen der Blumenpracht?
3. Was ist eine typische Aktivitaet im Herbst?
4. Wie nennt man ein grosses Familienereignis im Sommer?
5. Woher bekommt man das meiste Wissen?
6. Was ist eine haeufige Aktivitaet am Wochenende?
7. Welches Obst wird im Herbst oft gesammelt und verarbeitet?
8. Was hilft beim Entspannen und wird oft mit Aetherischen Oelen gemacht?

FIT IM KOPF! 4

1. Was nutzen Senioren oft fuer ihre Reisen?
2. Welche Sportart betreiben Senioren oft am Morgen im Freien?
3. Wie nennt man das Zusammenkommen von Senioren zur Unterhaltung?
4. Was ist ein beliebter Treffpunkt fuer Senioren?
5. Welche Art von Buch lesen Senioren gerne?
6. Wo macht man im Sommer gerne Urlaub?
7. Was ist eine wichtige Uebung fuer Senioren zur Verbesserung der Balance?
8. Welche Zeitungsrubrik lesen Senioren haeufig?
9. Wie nennt man die erste Mahlzeit des Tages?
10. Welche Art von Musik hoeren Senioren oft?
11. Wie nennt man das regelmaessige Treffen von Freunden?
12. Was baut man im Garten oft an?

FIT IM KOPF!

5

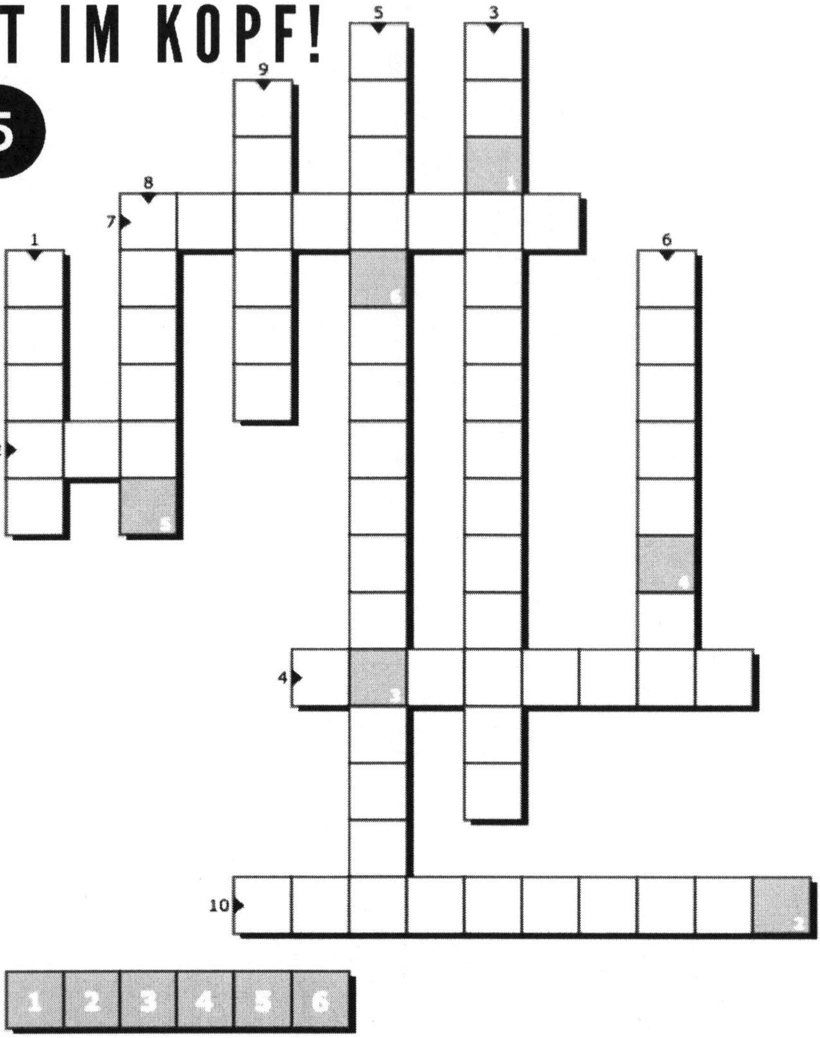

1. Welche Zeit des Lebens beginnt nach dem Berufsleben?
2. Was trinken viele Senioren gerne zum Entspannen?
3. Welche Aktivitaet machen Senioren gerne am Strand?
4. Was bauen viele Rentner im Garten an?
5. Wie nennt man den Spaziergang am Abend?
6. Welches Getraenk genießt man oft in der Sonne?
7. Wie nennt man ein Treffen im Freien mit Essen und Trinken?
8. Welches Spielzeug haben viele Grosseltern im Haus fuer die Enkel?
9. Was ist ein beliebtes Gebaeck zur Kaffeezeit?
10. Welche Art von Ausflug machen Senioren gerne mit dem Bus?

FIT IM KOPF!

6

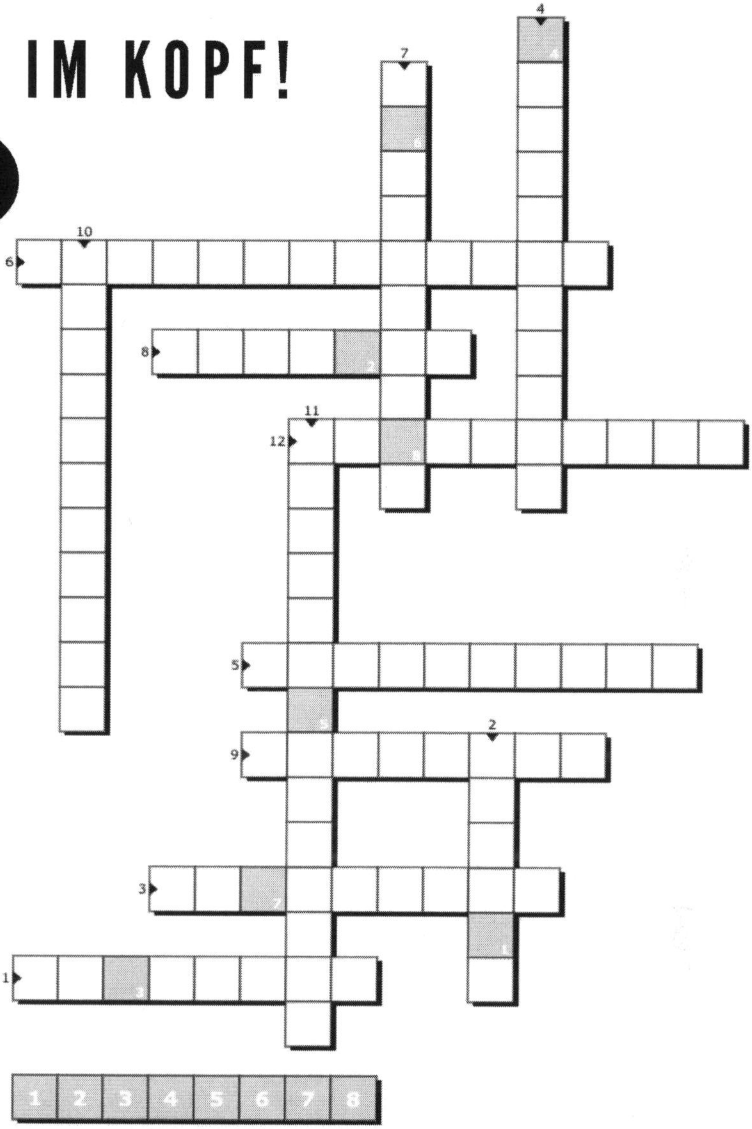

1. Wie nennt man das Schreiben von Erinnerungen aus dem Leben?
2. Was haengt man gerne an den Weihnachtsbaum?
3. Was ist eine gesunde Freizeitbeschaeftigung im Ruhestand?
4. Welches Getraenk wird oft zum Fruehstueck genossen?
5. Wie nennt man ein kleines Haus fuer den Urlaub?
6. Was machen viele Rentner am Wochenende im Garten?
7. Wie nennt man das taegliche Ausfuehren von Hunden?
8. Welches Musikinstrument lernen viele Senioren neu?
9. Was ist eine beliebte Aktivitaet im Winter?
10. Welche Art von Kuchen wird oft im Herbst gebacken?
11. Wo trifft man sich oft mit alten Schulfreunden?
12. Was ist ein beliebtes Reiseziel fuer Senioren?

Lösungen

Logikrätsel
Sudokus
Wörtersuchrätsel
Quizze
Labyrinthe
uvm.

Lisa Müller

LÖSUNGEN SUDOKU

1

4	5	1	3	2	7	9	6	8
8	9	3	6	5	4	7	2	1
7	6	2	9	8	1	4	5	3
9	7	8	4	3	5	2	1	6
2	1	5	8	9	6	3	4	7
6	3	4	1	7	2	5	8	9
1	8	7	5	4	3	6	9	2
5	2	9	7	6	8	1	3	4
3	4	6	2	1	9	8	7	5

2

4	1	7	8	5	6	3	2	9
8	2	9	3	4	1	6	5	7
3	5	6	9	7	2	4	8	1
7	9	3	5	2	4	1	6	8
1	6	5	7	8	9	2	4	3
2	8	4	1	6	3	7	9	5
6	7	1	4	9	8	5	3	2
5	4	8	2	3	7	9	1	6
9	3	2	6	1	5	8	7	4

LÖSUNGEN SUDOKU

③

7	8	3	4	1	5	2	6	9
5	4	2	6	9	3	7	1	8
9	6	1	8	2	7	4	5	3
4	7	6	9	8	1	5	3	2
3	1	8	7	5	2	6	9	4
2	9	5	3	4	6	1	8	7
6	2	9	1	7	8	3	4	5
1	5	4	2	3	9	8	7	6
8	3	7	5	6	4	9	2	1

④

1	3	5	2	9	4	7	6	8
2	6	8	7	1	5	3	9	4
9	4	7	8	6	3	2	1	5
8	5	3	9	7	1	4	2	6
6	1	4	5	8	2	9	3	7
7	9	2	3	4	6	5	8	1
4	2	1	6	3	7	8	5	9
5	7	9	1	2	8	6	4	3
3	8	6	4	5	9	1	7	2

LÖSUNGEN SUDOKU

5

5	7	1	9	2	6	4	3	8
2	6	8	3	7	4	9	5	1
9	4	3	5	8	1	7	2	6
4	9	7	6	3	2	8	1	5
1	2	6	4	5	8	3	9	7
3	8	5	7	1	9	2	6	4
6	5	2	8	9	7	1	4	3
7	3	9	1	4	5	6	8	2
8	1	4	2	6	3	5	7	9

6

1	5	4	8	6	9	7	2	3
2	9	6	7	3	1	5	8	4
3	8	7	4	2	5	9	6	1
4	6	8	9	1	2	3	7	5
9	3	1	6	5	7	2	4	8
7	2	5	3	8	4	1	9	6
6	1	2	5	9	8	4	3	7
8	4	9	1	7	3	6	5	2
5	7	3	2	4	6	8	1	9

LÖSUNGEN
SUDOKU

⑦

3	9	6	1	5	7	2	4	8
5	4	7	9	2	8	1	6	3
1	2	8	3	4	6	7	9	5
9	8	2	5	3	1	6	7	4
7	1	5	2	6	4	3	8	9
6	3	4	7	8	9	5	2	1
2	7	9	4	1	3	8	5	6
4	6	1	8	7	5	9	3	2
8	5	3	6	9	2	4	1	7

❽

6	7	5	2	4	9	3	8	1
1	4	2	5	3	8	6	7	9
3	9	8	1	7	6	4	5	2
2	5	1	3	8	4	7	9	6
4	8	6	7	9	1	2	3	5
9	3	7	6	2	5	8	1	4
8	1	3	9	6	2	5	4	7
7	6	9	4	5	3	1	2	8
5	2	4	8	1	7	9	6	3

LÖSUNGEN SUDOKU

9

1	7	2	6	5	8	3	9	4
4	8	3	1	9	7	5	2	6
5	6	9	4	3	2	7	1	8
7	5	4	3	6	1	2	8	9
3	2	8	9	7	4	6	5	1
6	9	1	2	8	5	4	3	7
8	3	5	7	1	6	9	4	2
9	4	7	8	2	3	1	6	5
2	1	6	5	4	9	8	7	3

10

9	8	7	2	1	6	4	3	5
2	3	1	5	7	4	9	6	8
6	5	4	8	9	3	7	1	2
7	6	3	1	5	8	2	9	4
4	1	8	6	2	9	3	5	7
5	9	2	4	3	7	1	8	6
3	4	5	7	8	1	6	2	9
1	2	6	9	4	5	8	7	3
8	7	9	3	6	2	5	4	1

LÖSUNGEN SUDOKU

11

3	8	7	1	6	5	4	2	9
4	1	2	9	3	7	5	6	8
9	5	6	4	8	2	1	7	3
1	6	8	7	2	9	3	5	4
7	3	9	8	5	4	2	1	6
5	2	4	3	1	6	9	8	7
6	9	1	5	4	8	7	3	2
8	4	3	2	7	1	6	9	5
2	7	5	6	9	3	8	4	1

12

1	8	6	4	3	2	9	7	5
7	5	2	9	6	1	8	3	4
9	3	4	5	7	8	2	1	6
6	7	3	2	1	4	5	8	9
8	2	5	3	9	7	4	6	1
4	1	9	6	8	5	3	2	7
5	9	1	8	2	6	7	4	3
3	6	8	7	4	9	1	5	2
2	4	7	1	5	3	6	9	8

LÖSUNGEN SUDOKU

13

3	8	2	5	9	4	6	7	1
5	1	7	3	8	6	2	4	9
9	6	4	2	1	7	5	8	3
7	4	9	6	3	1	8	5	2
2	3	8	9	4	5	1	6	7
6	5	1	8	7	2	3	9	4
4	9	6	1	2	8	7	3	5
8	2	3	7	5	9	4	1	6
1	7	5	4	6	3	9	2	8

14

8	6	1	7	2	4	5	9	3
5	2	9	3	6	8	4	7	1
7	3	4	1	5	9	6	8	2
6	4	8	2	9	3	7	1	5
3	7	2	5	8	1	9	4	6
1	9	5	4	7	6	3	2	8
2	8	3	9	4	5	1	6	7
4	1	6	8	3	7	2	5	9
9	5	7	6	1	2	8	3	4

LÖSUNGEN SUDOKU

15

1	4	9	3	5	7	8	6	2
7	5	3	6	8	2	1	4	9
6	2	8	4	9	1	5	3	7
9	3	2	5	4	8	6	7	1
5	6	4	1	7	9	2	8	3
8	7	1	2	6	3	9	5	4
2	8	7	9	3	6	4	1	5
3	1	5	8	2	4	7	9	6
4	9	6	7	1	5	3	2	8

16

7	5	3	2	1	8	9	6	4
8	2	9	4	6	3	7	5	1
4	1	6	7	5	9	3	8	2
9	4	7	3	8	2	6	1	5
6	3	1	9	4	5	8	2	7
5	8	2	1	7	6	4	9	3
3	9	4	6	2	1	5	7	8
2	7	5	8	9	4	1	3	6
1	6	8	5	3	7	2	4	9

LÖSUNGEN

LOGIKRÄTSEL

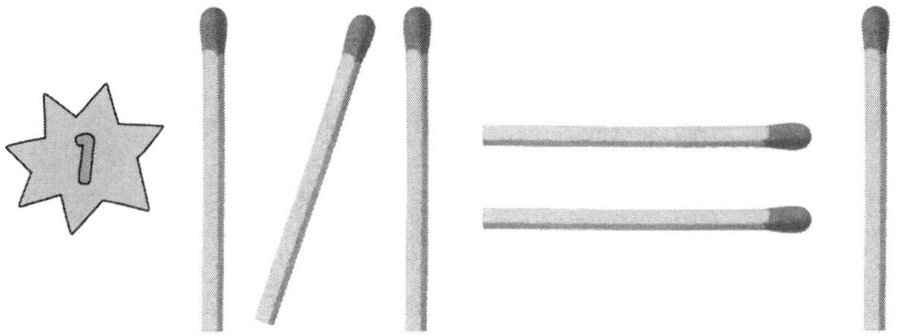

1/1=1

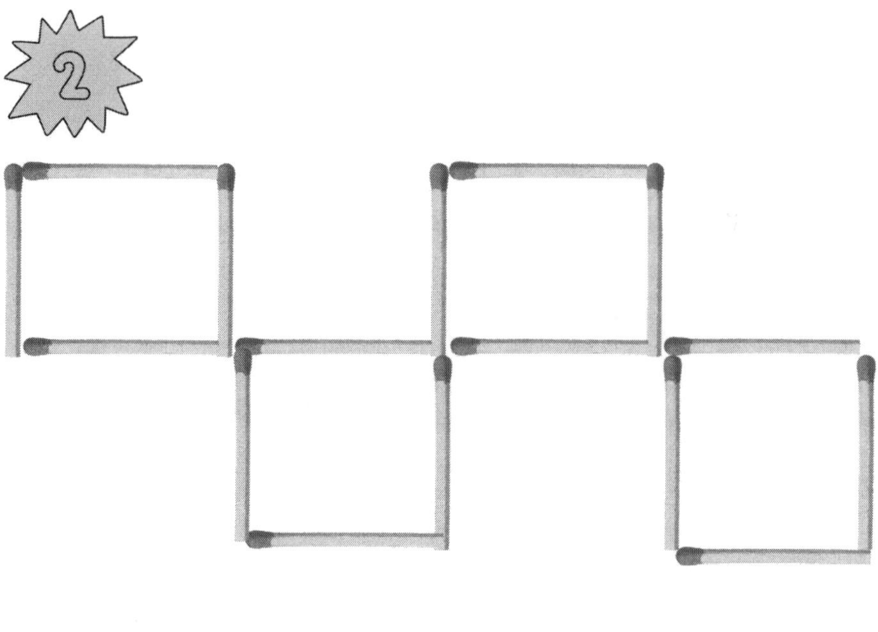

LÖSUNGEN

LOGIKRÄTSEL

3

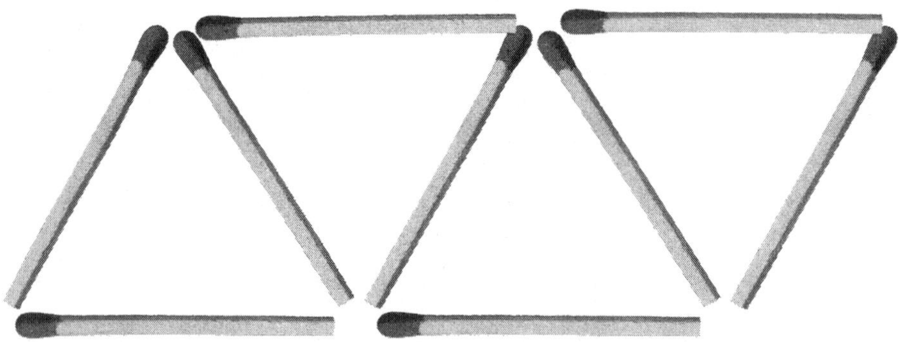

4

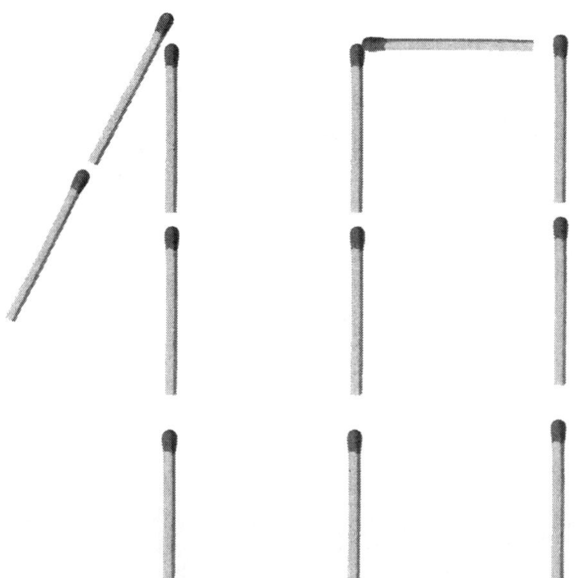

LÖSUNGEN

LOGIKRÄTSEL

5

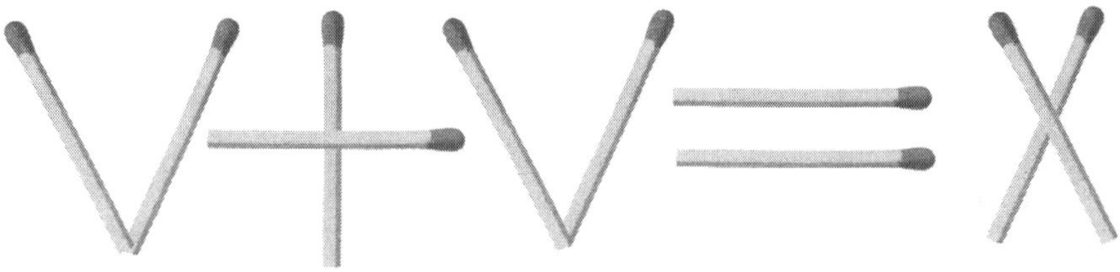

6

14

Flächen

LÖSUNGEN

FINDE DAS FETTNÄPFCHEN!

1

1	1	1		1	1	1	1	●
1	●	1		1	●	1	1	1
2	2	2		1	2	2	1	
1	●	1			2	●	2	
1	2	2	1		2	●	2	
	2	●	2		1	1	1	
1	3	●	2					
1	●	3	2	1				
1	1	2	●	1				

2

2	●	3	1	2	●	2	
2	●	●	1	2	●	3	1
1	2	2	1	1	1	3	●
						2	●
	1	1	1		1	2	2
	1	●	2	1	3	●	2
	1	1	2	●	3	●	3
			1	1	2	2	●

LÖSUNGEN

FINDE DAS FETTNÄPFCHEN!

3

3	●	2		1	●	1	
●	●	3	1	1	1	1	
2	3	●	1				
	1	2	2	1			
1	1	1	●	2	2	2	1
●	3	2	1	2	●	●	1
●	●	1		1	2	2	1
2	2	1					

4

	1	●	1			1	●
	1	1	1	1	1	2	1
	1	1	1	1	●	1	
1	2	●	1	1	2	2	1
2	●	2	1		2	●	3
●	2	1			2	●	●
1	2	1	1		1	2	2
	1	●	1				

LÖSUNGEN

FINDE DAS FETTNÄPFCHEN!

5

●	●	2				2	●
3	●	2	1	1	1	3	●
1	2	2	2	●	1	2	●
	1	●	2	2	2	2	1
	1	1	1	1	●	1	
1	1			1	1	1	
●	1	1	1	1	1	1	1
1	1	1	●	1	1	●	1

6

●	2	1			1	●	●	1
2	●	1	1	1	2	2	2	1
1	1	1	1	●	2	1		
			1	2	●	1	1	1
				1	1	1	1	●
				1	1	1	1	1
		1	1	2	●	1		
1	1	1	●	2	2	2	1	
●	1	1	1	1	1	●	1	

LÖSUNGEN

7

FINDE DAS FETTNÄPFCHEN!

●	●	2	●	3	3	●	●	●	3	●	1			1	●
3	3	4	3	●	●	3	5	●	4	1	1		1	2	2
1	●	2	●	4	3	2	2	●	2			1	2	●	1
1	2	3	2	2	●	2	2	1	1			1	●	2	1
2	3	●	1	1	3	●	3	1				2	2	2	
●	●	3	2	1	2	●	●	1				1	●	1	
3	3	2	●	1	1	2	2	1		1	1	2	1	1	
●	1	1	2	2	2	1	1			1	●	1			
3	4	2	3	●	3	●	2	1		1	2	3	3	3	2
●	●	●	3	●	3	2	●	2	1		1	●	●	●	●
3	●	4	3	3	2	2	2	●	2	1	2	2	3	3	2
2	2	2	●	2	●	1	1	1	2	●	2	1			
●	2	1	1	2	1	1			1	3	●	2			
●	2								1	3	●	2	1	1	1
1	1	1	1	1		1	1	1	1	●	3	2	2	●	1
		1	●	1		1	●	1	1	1	2	●	2	1	1
1	1	3	3	3	1	2	2	3	2	2	2	1	1		
2	●	4	●	●	1	1	●	3	●	●	2				
2	●	5	●	4	3	4	3	4	●	●	2			1	1
1	2	●	2	3	●	●	●	2	2	2	1			1	●
1	2	2	3	5	●	5	2	1					1	2	2
●	1	1	●	●	●	3	1	1	1		1	1	2	●	1
2	2	1	2	4	●	2	1	●	1		2	●	4	3	3
●	1			2	2	2	2	2	2		2	●	4	●	●
2	3	1	1	1	●	2	2	●	1		1	2	●	4	3
●	3	●	1	2	3	4	●	2	1			1	1	2	●
3	●	3	1	2	●	●	2	1						1	1
3	●	3		2	●	4	2			1	1	1	1	1	1
2	●	2		2	4	●	2			1	●	2	2	●	1
1	1	1		1	●	●	2			1	2	●	2	1	1

LÖSUNGEN

FINDE DAS FETTNÄPFCHEN!

2	●	●	3	●	1	1	●	2	1	1	1	2	●	3	●
2	●	5	●	3	1	1	2	●	2	2	●	3	4	●	4
1	1	3	●	2			1	1	2	●	3	●	3	●	●
1	1	3	3	4	2	1			1	1	2	2	4	4	3
2	●	3	●	●	●	1	1	1	1			1	●	●	1
●	3	5	●	●	4	2	1	●	1		1	2	3	2	1
3	●	3	●	5	●	1	2	2	2		1	●	2	1	1
●	3	3	3	●	3	3	3	●	2	2	3	2	2	●	1
●	2	1	●	2	2	●	●	2	2	●	●	1	1	1	1
2	2	1	1	1	2	3	4	2	2	2	3	2	2	1	1
●	2	1	1		1	●	2	●	2	1	1	●	2	●	1
1	3	●	3	1	1	1	3	3	●	1	1	1	2	2	2
1	4	●	●	1			2	●	3	1				1	●
1	●	●	4	2	1	1	2	●	2		1	2	2	3	2
2	4	●	4	3	●	2	3	2	2		1	●	●	2	●
1	●	3	●	●	4	●	3	●	2	2	3	3	2	2	1
1	1	2	3	3	4	●	3	1	2	●	●	2			
			1	●	2	1	1		1	3	●	2			
			2	2	2	1	1	1		1	2	2	1		
			1	●	1	1	●	1			1	●	1		
		1	2	2	1	2	3	3	1		2	2	2		
1	1	2	●	1		2	●	●	2	1	2	●	3	1	1
1	●	4	3	3	1	3	●	4	●	1	2	●	3	●	1
1	2	●	●	2	●	2	1	2	1	1	1	1	2	2	2
1	2	2	2	2	1	1					1	1	1	2	●
●	2	1	1			1	1	1			1	●	2	4	●
1	3	●	2			1	●	1			1	2	●	3	●
1	3	●	2			2	2	2			1	2	2	2	1
1	●	2	1	1	1	2	●	1			1	●	2	1	
1	1	1		1	●	2	1	1			1	2	●	1	

LÖSUNGEN 9

FINDE DAS FETTNÄPFCHEN!

	1	1	1				2	●	●	2	●	1	1	●	1
	1	●	1				3	●	5	3	2	1	1	1	1
	1	1	1				2	●	3	●	1			1	1
	1	1	1				1	2	3	2	1			1	●
1	3	●	2					1	●	1			1	3	3
●	5	●	5	2	2	2	2	2	2	2	1		1	●	●
2	●	●	●	●	2	●	●	1	1	●	1		1	2	2
1	2	3	4	3	3	2	2	1	1	1	1	1	1	1	
		1	2	●	2	1	1	2	3	2	2	3	●	2	
1	1	1	●	3	●	2	2	●	●	●	2	●	●	3	
●	2	1	1	2	3	●	3	2	3	3	3	5	●	3	
●	2	1	1	1	2	●	3	1	2	2	●	3	●	2	
2	2	2	●	2	3	3	4	●	2	●	2	2	1	1	
2	●	3	2	●	2	●	●	2	2	1	2	1	1		
3	●	3	1	1	2	2	3	3	2	1	1	●	2	2	2
2	●	3	1	1		1	2	●	●	2	2	2	3	●	●
1	1	2	●	1		1	●	4	4	●	2	2	●	5	●
		1	1	1		1	2	●	3	3	●	3	3	6	●
1	2	2	1				1	2	3	●	2	2	●	●	●
1	●	●	1		1	1	2	3	●	3	1	2	3	4	2
2	4	4	2		1	●	2	●	●	4	2	2	●	1	
1	●	●	1		1	1	2	2	3	●	●	3	2	2	1
3	5	4	2					1	2	4	●	2	1	●	1
●	●	●	2	1	1			1	●	2	1	1	1	2	2
2	4	3	4	●	2			1	1	2	1	1		2	●
	1	●	3	●	2		1	1	2	2	●	1		2	●
1	2	3	3	2	1		1	●	2	●	2	1		1	1
1	●	2	●	1	1	2	3	2	2	2	2	1		1	1
1	1	2	1	1	2	●	●	2	2	2	●	2	1	2	●
					2	●	4	●	2	●	3	●	1	2	●

LÖSUNGEN

FINDE DAS FETTNÄPFCHEN!

10

				1	1	1								1	●
		1	2	3	●	2	1	1	1	1				1	1
2	2	3	●	●	3	●	1	1	●	1			1	2	2
●	●	4	●	4	3	2	2	1	1	2	1	1	1	●	●
3	4	5	●	2	1	●	1		1	2	●	1	1	2	2
2	●	●	2	1	1	1	1		1	●	3	3	1	2	1
2	●	4	3	1	1		1	1	2	2	●	2	●	2	●
2	3	●	3	●	3	2	3	●	3	3	3	3	3	4	3
2	●	3	4	●	4	●	●	3	●	●	2	●	3	●	●
●	2	2	●	2	4	●	4	2	2	2	3	3	●	5	●
1	1	1	1	1	2	●	2				2	●	4	4	●
				1	2	2	2	1	1		2	●	●	3	2
	1	1	1	1	●	1	1	●	1		1	2	3	●	1
1	2	●	2	2	1	1	1	1	1	1	2	2	2	1	1
●	3	3	●	1					1	2	●	●	3	2	2
1	2	●	2	1				1	3	●	5	●	4	●	●
1	2	2	2	1				1	●	●	3	2	●	4	3
●	1	1	●	1				1	2	2	1	1	2	●	1
2	2	2	1	1	1	1	1						1	1	1
2	●	2	1	1	3	●	4	2	2	1	1			1	1
2	●	2	1	●	3	●	●	●	3	●	2	1		1	●
1	1	1	1	2	3	3	4	4	●	3	●	1		1	1
1	2	1	1	2	●	2	1	●	3	3	2	1			
●	4	●	2	2	●	2	2	2	3	●	2	1	1		
●	4	●	2	1	1	1	1	●	4	3	3	●	1		
1	2	1	1		1	1	2	3	●	●	3	3	2	2	1
			1	1	2	●	1	2	●	4	●	3	●	3	●
	1	1	2	●	3	2	2	1	2	3	2	3	●	4	2
1	2	●	2	2	3	●	1		1	●	2	2	1	2	●
1	●	2	1	1	●	2	1		1	2	●	1		1	1

LÖSUNGEN

FINDE DAS FETTNÄPFCHEN!

11

	1	●	2	1	1							1	●	●	2
	1	1	3	●	3	1	1		1	1	1	1	2	3	●
		1	3	●	4	●	1	1	2	●	1		1	2	2
1	1	2	●	4	●	2	1	1	●	2	2	1	2	●	1
1	●	2	2	●	2	1	1	2	2	1	1	●	2	2	2
1	1	1	1	1	1		1	●	1		1	2	2	2	●
	1	1	1				1	2	2	1		1	●	4	3
	2	●	2		1	1	1	1	●	1		1	2	●	●
	2	●	2		2	●	2	1	1	1	1	2	3	3	2
	2	2	2		2	●	3	1	1	1	2	●	●	2	
	2	●	2		1	2	●	1	2	●	4	4	●	2	
	3	●	4	1	1	1	1	1	2	●	●	4	2	2	
	3	●	5	●	2	1	1	1	1	3	●	4	●	3	1
	2	●	5	●	3	1	●	1		1	1	4	●	●	1
1	3	3	6	●	3	1	1	1		1	1	3	●	3	1
●	2	●	●	●	3	1			1	2	●	3	2	2	
1	2	2	3	3	●	1			1	●	2	2	●	1	
1	2	2	1	1	1	2	1	1	1	1	1	1	2	3	2
1	●	●	3	1	1	2	●	2					1	●	●
1	3	●	4	●	3	3	●	2	1	1	1		2	3	3
	2	2	4	●	●	2	1	1	1	●	1	1	2	●	1
2	3	●	2	3	3	2			1	1	1	1	●	3	2
●	●	2	2	2	●	1					1	2	2	2	●
2	3	2	2	●	3	2		1	2	3	4	●	4	3	2
	2	●	4	3	●	1		1	●	●	●	●	●	●	1
	3	●	●	3	1	1		1	3	●	6	6	5	4	2
	2	●	●	3					1	2	●	●	●	3	●
1	2	3	●	2	1	1	1			2	3	4	2	4	●
●	2	1	2	3	3	●	1			2	●	2		2	●
●	2		1	●	●	2	1			2	●	2		1	1

LÖSUNGEN

FINDE DAS FETTNÄPFCHEN!

12

1	2	1	2	●	2	2	2	1	1	●	2	●	●	1	
●	2	●	2	1	3	●	●	1	1	1	2	2	2	1	
2	4	3	2		2	●	5	3	1						
1	●	●	2	1	2	2	●	●	2						
1	3	3	3	●	1	1	3	●	4	2	1				
1	2	●	3	2	2	2	4	5	●	●	2	1	1		
2	●	4	●	1	1	●	●	●	●	3	3	●	2		
2	●	5	4	3	2	2	4	4	4	2	4	●	3		
1	2	●	●	●	1		1	●	4	●	4	●	2		
1	2	2	4	3	2		1	2	●	●	4	2	2		
●	1		1	●	1			1	2	3	3	●	1	1	1
2	2	1	2	2	1					1	●	2	1	1	●
●	1	1	●	1						1	2	3	2	2	1
1	2	2	2	1		1	1	1		1	3	●	●	2	1
1	2	●	2	2	2	3	●	1		1	●	●	6	●	2
1	●	4	●	2	●	●	3	1		1	4	●	5	●	2
2	3	●	2	2	3	●	2	1	2	2	4	●	5	2	1
1	●	2	1		2	2	2	1	●	●	3	●	●	2	1
2	2	1			1	●	1	1	2	2	3	3	3	2	●
●	1				1	2	2	1			2	●	3	2	1
2	3	2	2	2	1	2	●	2	1	1	2	●	●	2	
●	2	●	●	3	●	3	3	4	●	1	1	3	●	2	
1	2	2	3	●	2	3	●	●	2	1		1	1	1	
2	2	2	2	2	1	2	●	5	3	1			1	1	1
●	●	2	●	1		1	2	●	●	1			1	●	1
2	2	3	3	3	1		1	3	3	2			1	1	1
1	1	2	●	●	1			1	●	1					
2	●	3	2	2	1		1	2	2	1					
2	●	3	2	2	2	1	3	●	3	1			1	1	1
1	1	2	●	●	2	●	3	●	●	1			1	●	1

LÖSUNGEN

IM LABYRINTH DES LEBENS

IM LABYRINTH DES LEBENS

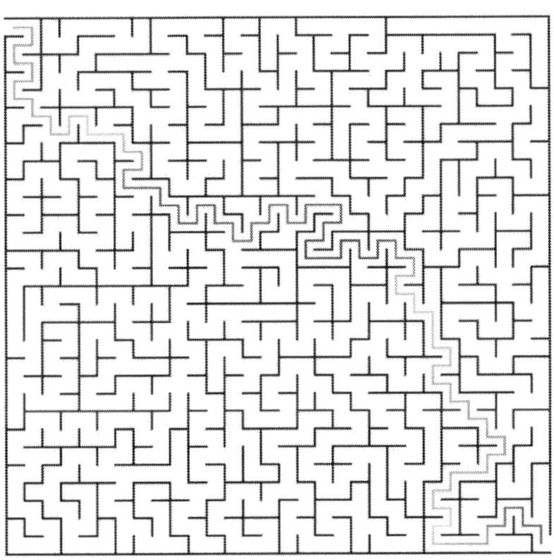

LÖSUNGEN

IM LABYRINTH DES LEBENS

IM LABYRINTH DES LEBENS

LÖSUNGEN

IM LABYRINTH DES LEBENS

IM LABYRINTH DES LEBENS

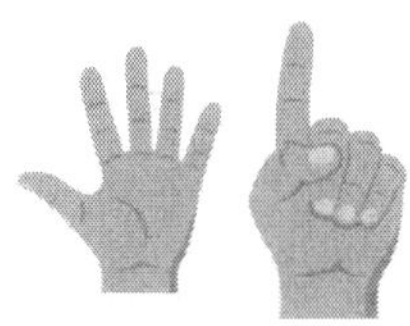

LÖSUNGEN

IM LABYRINTH DES LEBENS

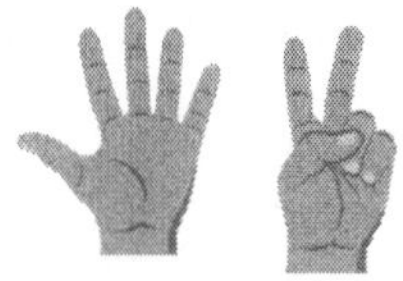

IM LABYRINTH DES LEBENS

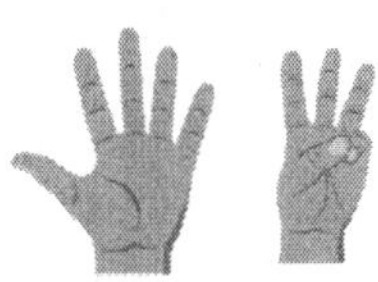

LÖSUNGEN

IM LABYRINTH DES LEBENS

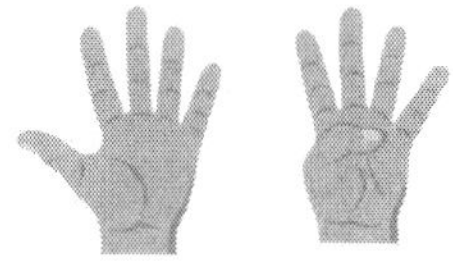

IM LABYRINTH DES LEBENS

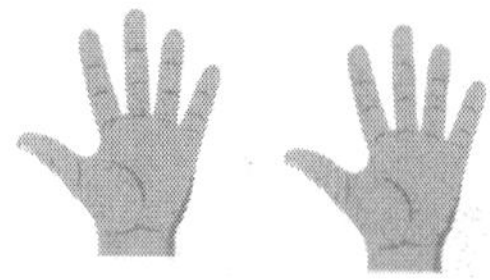

LÖSUNGEN

WORTFINDUNGSSTÖRUNG? NICHT BEI MIR!

1

C	Y	E	D	I	W	R	P	V	E	N	T	S	P	A	N	N	U	N	G
Y	A	N	I	C	K	E	R	C	H	E	N	L	S	Q	M	J	K	H	O
Z	E	Q	N	Q	Q	D	E	N	K	E	L	K	I	N	D	E	R	O	U
P	Z	B	I	P	T	D	W	K	P	P	E	N	S	I	O	N	F	B	K
L	E	D	M	A	O	R	I	A	I	T	M	W	U	Z	O	Z	S	B	A
I	J	R	Z	E	S	L	E	A	E	Y	M	O	B	S	S	I	B	Y	F
S	K	E	D	H	E	L	X	K	E	F	Z	R	D	L	N	J	C	F	F
T	V	I	J	R	N	F	M	E	F	K	G	U	R	E	M	L	W	R	E
X	X	S	I	E	I	B	X	B	P	M	G	H	B	B	Q	G	L	C	E
J	Z	E	A	N	O	J	S	E	V	V	A	E	Z	E	B	A	B	D	K
E	V	N	E	A	R	R	H	E	L	J	X	S	Z	N	J	R	L	R	R
A	E	Z	M	M	E	I	S	W	S	S	A	T	J	S	F	T	J	J	A
K	C	C	Q	T	N	N	Z	E	I	T	J	A	L	F	L	E	U	H	E
U	F	D	J	O	R	U	G	U	N	H	D	N	F	R	H	N	H	F	N
O	Q	N	U	M	A	A	D	N	T	H	Z	D	E	E	B	K	R	E	Z
R	A	J	R	D	B	F	R	E	I	Z	E	I	T	U	M	Y	C	G	C
B	X	K	L	G	A	R	G	C	B	X	S	P	D	D	W	U	Y	N	H
R	I	T	A	E	T	S	G	B	D	A	C	S	P	E	Y	B	Z	D	E
A	T	I	U	F	T	G	E	W	H	A	D	R	U	B	N	X	N	Q	N
Y	H	X	B	K	E	M	K	R	J	X	Y	J	K	R	V	J	Z	P	Q

LÖSUNGEN

WORTFINDUNGSSTÖRUNG? NICHT BEI MIR! 2

G	E	S	E	L	L	I	G	K	E	I	T	W	B	H	D	S	R	G	W
X	W	C	Z	H	F	V	K	P	P	E	Q	H	S	E	R	H	V	A	A
P	E	X	M	Z	W	U	R	E	F	W	T	B	G	E	S	D	G	X	L
H	R	L	J	R	W	I	E	N	A	A	D	X	Q	X	P	J	X	H	T
V	M	L	C	S	A	H	U	S	V	N	E	Z	R	N	A	A	R	I	E
Z	Q	J	X	F	H	O	Z	I	J	D	N	T	V	G	Z	L	C	Z	R
A	C	D	S	E	R	I	W	O	T	E	K	Z	I	E	I	U	S	I	S
M	R	F	D	H	X	Q	O	N	W	R	E	W	U	S	E	F	T	I	W
E	H	O	F	R	J	W	R	I	Q	L	L	P	M	M	R	R	B	D	E
V	I	G	S	E	W	J	T	E	J	U	A	P	B	W	G	Y	F	H	I
T	E	Y	S	N	P	I	R	R	A	S	C	R	U	H	A	K	O	E	S
M	D	M	U	A	O	F	A	U	R	T	L	F	C	A	N	R	R	R	H
T	U	C	Z	M	B	Y	E	N	D	A	C	C	X	N	G	E	G	H	E
W	O	Q	E	T	U	J	T	G	Q	W	W	Q	K	G	T	B	N	O	I
R	G	K	V	W	S	N	S	E	S	U	D	O	K	U	Q	V	M	L	T
Y	Q	Y	W	W	B	G	E	I	U	N	E	I	T	T	C	X	E	U	L
E	O	M	C	J	D	R	L	L	E	S	E	B	R	I	L	L	E	N	U
U	E	N	T	S	C	H	L	E	U	N	I	G	U	N	G	S	Z	G	O
N	L	I	E	B	E	T	L	Q	A	U	S	F	L	U	G	C	F	K	V
L	I	R	X	T	N	A	G	G	D	S	I	R	B	G	H	J	L	I	C

LÖSUNGEN

WORTFINDUNGSSTÖRUNG? NICHT BEI MIR! 3

Y	A	F	R	E	U	N	D	S	C	H	A	F	T	Q	C	L	N	U	T
R	E	O	F	M	N	Z	K	O	G	W	O	W	Q	J	L	M	J	U	V
S	S	Q	Z	X	K	R	M	O	A	S	R	W	I	G	E	E	X	Q	O
W	Q	F	I	T	N	E	S	S	R	P	J	O	D	B	B	Q	F	N	U
D	A	T	L	B	Y	H	F	L	T	B	N	H	Z	Y	E	Q	K	J	A
E	N	S	Z	B	J	Q	J	T	E	H	R	N	E	G	N	E	D	X	H
C	A	R	D	O	S	W	L	P	N	D	U	M	I	A	S	I	Q	M	N
A	C	D	E	R	K	L	E	J	A	T	H	O	T	Q	A	F	V	R	S
Z	H	Q	K	H	A	U	W	T	R	S	E	B	V	L	B	U	Y	Y	F
W	B	E	H	V	F	F	Q	H	B	C	S	I	E	I	E	G	T	V	U
U	A	L	P	R	F	E	R	H	E	I	E	L	R	K	N	X	P	N	J
Q	R	D	U	M	E	K	P	I	I	W	S	M	T	Z	D	J	P	P	E
H	S	U	J	T	E	U	E	U	T	I	S	P	R	Y	X	T	N	N	G
O	C	Y	D	Z	P	C	K	M	J	Z	E	Q	E	G	E	N	U	S	S
B	H	R	S	Z	A	Q	R	Q	H	L	L	U	I	O	N	Y	W	T	B
B	A	M	Z	K	U	I	B	C	Q	P	N	D	B	L	U	J	Y	A	Z
Y	F	I	A	C	S	C	Q	D	H	Y	X	A	J	H	X	D	U	E	S
S	T	O	C	O	E	X	F	R	U	E	H	R	E	N	T	E	P	O	P
Y	J	L	P	X	F	E	R	I	N	N	E	R	U	N	G	E	N	M	T
U	D	P	C	T	H	R	E	N	T	E	N	B	E	S	C	H	E	I	D

LÖSUNGEN

WORTFINDUNGSSTÖRUNG? NICHT BEI MIR! 4

F	D	L	J	O	C	N	L	P	Y	P	C	N	M	F	P	S	J	B	J
R	D	K	E	E	F	U	R	L	A	U	B	S	P	L	A	N	U	N	G
V	S	E	N	I	O	R	E	N	T	R	E	F	F	B	M	I	R	N	V
S	K	E	J	P	S	E	N	I	O	R	E	N	L	E	B	E	N	T	L
W	X	Y	L	L	L	X	M	C	S	F	O	D	R	I	J	F	P	H	Z
U	R	N	D	L	Z	I	K	U	L	T	U	R	P	B	E	I	X	E	Z
O	U	J	J	M	M	P	N	E	I	Z	E	L	O	A	N	P	R	A	C
O	H	A	M	M	U	S	E	U	M	S	B	E	S	U	C	H	N	T	F
Y	E	Y	H	A	N	D	A	R	B	E	I	T	E	N	H	O	U	E	M
M	P	T	M	A	M	S	I	I	N	S	R	V	I	Y	B	R	Q	R	J
W	H	Z	E	H	B	U	S	R	E	I	S	E	N	H	G	F	A	B	G
A	A	G	L	Z	P	V	K	A	R	T	E	N	S	P	I	E	L	E	R
N	S	E	Z	W	C	C	L	D	E	R	P	C	I	P	Y	Z	Q	S	A
D	E	N	K	H	I	M	Q	R	D	N	Y	K	S	N	H	G	O	U	Y
E	E	I	W	E	L	L	N	E	S	S	O	N	A	H	E	T	V	C	V
R	A	E	W	I	E	N	B	N	M	B	X	I	L	E	Q	M	I	H	H
N	O	S	P	G	N	A	D	Q	G	I	V	Z	S	W	H	W	K	N	K
P	E	S	M	N	C	R	D	V	Q	N	Q	K	U	U	U	N	W	F	R
C	D	E	M	X	H	S	R	B	N	G	S	I	S	O	I	T	N	H	H
C	V	N	D	C	R	E	T	A	H	O	C	A	M	A	S	H	I	P	D

LÖSUNGEN

WORTFINDUNGSSTÖRUNG? NICHT BEI MIR!

5

E	S	N	F	D	I	S	Q	L	O	B	H	G	M	M	H	L	R	K	K
N	X	F	A	W	K	T	F	A	G	Y	E	R	K	S	G	E	L	G	K
K	N	R	M	O	T	D	A	S	R	K	I	N	V	N	H	S	D	P	B
E	A	I	I	K	A	Q	K	Z	A	R	M	H	T	S	R	E	L	M	A
L	Q	S	L	N	G	W	H	B	E	A	W	H	Y	C	Y	S	Q	T	M
K	B	C	I	K	E	E	C	N	T	W	E	C	E	H	P	T	S	F	L
I	X	H	E	U	S	T	T	I	S	X	R	U	X	A	N	U	A	I	F
N	L	E	N	S	T	Y	Z	F	E	A	K	Z	Y	C	H	N	B	T	M
D	T	L	Z	N	O	J	C	Q	L	A	E	B	J	H	L	D	Q	D	D
E	H	U	E	T	U	U	V	N	N	U	N	F	P	R	I	E	U	X	A
R	G	F	I	Y	R	N	A	T	U	R	A	B	E	N	T	E	U	E	R
W	L	T	T	G	E	H	U	R	U	T	H	E	A	T	E	R	C	L	T
N	Y	H	B	O	N	O	Y	Z	C	S	M	V	F	I	I	T	F	Y	A
B	R	I	E	F	M	A	R	K	E	N	S	A	M	M	L	U	N	G	B
Z	K	I	R	S	C	H	K	E	R	N	K	I	S	S	E	N	D	D	W
O	X	H	U	P	V	T	E	Y	R	Z	M	D	I	N	V	X	G	Y	N
O	U	A	M	O	Z	F	T	X	H	Z	B	V	O	A	Q	Q	M	I	P
L	G	M	S	R	F	O	T	O	G	R	A	F	I	E	E	A	E	G	J
L	T	O	Y	G	Q	L	G	I	M	L	Y	P	G	G	H	N	T	P	T
A	B	O	N	N	E	M	E	N	T	Q	H	G	T	C	S	D	P	Z	X

LÖSUNGEN

WORTFINDUNGSSTÖRUNG? NICHT BEI MIR!

6

T	S	N	G	S	N	K	E	X	Q	B	S	V	S	M	L	E	L	O	L
U	Z	X	X	R	Q	U	R	L	G	N	L	A	S	S	B	M	B	M	A
F	E	I	A	V	Z	N	I	J	R	E	P	G	E	S	A	U	H	Z	I
N	L	E	F	M	H	A	N	N	D	L	U	E	N	T	D	S	A	S	R
S	V	L	C	U	F	H	N	U	Q	P	L	N	I	A	E	I	G	J	P
H	D	K	M	Y	M	Q	E	U	H	M	C	U	O	D	K	K	Y	T	T
T	D	R	Q	R	U	N	R	Q	S	R	N	E	R	T	U	G	F	F	X
I	N	M	C	E	X	N	U	A	A	F	A	G	E	P	R	E	A	R	K
E	X	A	D	M	N	Y	N	D	C	L	J	S	N	A	R	N	H	E	T
R	Y	L	B	N	I	C	G	Q	D	F	W	A	S	R	K	U	R	I	U
L	Q	E	O	A	F	Y	S	E	A	P	E	M	P	K	R	S	R	R	D
I	B	R	N	O	R	B	B	F	K	F	T	K	O	Q	Q	S	A	A	Y
E	J	E	S	J	L	Z	U	E	C	R	E	E	R	V	F	C	D	U	C
B	Y	I	G	H	E	G	C	M	I	T	Z	I	T	G	A	Z	F	M	U
E	V	V	Y	M	N	J	H	Y	T	Y	D	T	C	U	T	C	A	N	Z
P	M	G	E	M	U	E	T	L	I	C	H	K	E	I	T	O	H	I	H
N	D	U	S	E	N	I	O	R	E	N	P	A	S	S	O	Z	R	I	K
F	C	H	E	F	B	A	J	O	E	G	O	P	S	Q	Q	P	E	W	B
S	Y	G	C	Y	M	T	A	W	H	A	V	S	P	N	Y	G	N	Y	Q
N	O	L	D	A	E	Z	X	D	O	R	F	L	E	B	E	N	Q	N	Z

LÖSUNGEN

WORTFINDUNGSSTÖRUNG? NICHT BEI MIR! 7

P	S	A	X	P	I	T	A	G	E	S	A	U	S	F	L	U	E	G	E
T	W	Z	I	A	S	T	H	E	A	T	E	R	G	R	U	P	P	E	D
M	R	U	H	E	S	T	A	N	D	S	S	P	A	S	S	R	G	L	H
M	E	U	E	A	E	Z	M	I	C	E	B	W	N	E	U	W	V	S	A
N	W	F	Z	Q	P	V	M	K	Q	J	P	T	E	K	F	H	X	T	N
E	G	E	H	E	I	M	A	T	U	R	L	A	U	B	W	E	K	R	D
T	E	I	M	P	D	V	H	Z	L	A	U	H	H	U	H	I	M	A	W
K	C	Z	H	R	D	T	L	V	Z	N	H	V	M	B	G	M	E	N	E
N	K	L	T	J	U	U	P	Z	H	S	T	J	Y	T	B	A	Q	D	R
W	O	H	L	F	U	E	H	L	M	O	M	E	N	T	A	T	A	S	K
W	F	B	U	H	H	B	U	C	Q	U	V	O	L	C	L	M	C	P	S
E	N	T	D	E	C	K	E	N	B	E	P	R	G	K	K	U	H	A	K
A	C	U	W	F	U	W	P	W	W	N	A	T	Q	M	O	S	T	Z	U
Y	T	Y	R	C	P	B	U	V	Q	G	K	S	H	E	N	E	S	I	N
P	U	F	A	N	Q	A	L	F	O	I	X	V	C	G	I	U	A	E	S
G	R	P	H	C	E	C	H	D	Y	M	L	E	Z	L	E	M	M	R	T
W	T	T	H	Q	I	K	Q	H	E	L	Q	R	B	F	N	C	K	G	W
F	E	T	G	G	B	E	I	H	O	M	W	E	R	Q	G	V	E	A	N
F	P	Q	D	T	K	N	N	Z	E	A	H	I	F	S	H	I	I	N	I
O	N	K	U	R	U	R	L	A	U	B	R	N	F	O	V	B	T	G	T

LÖSUNGEN

WORTFINDUNGSSTÖRUNG? NICHT BEI MIR!

8

B	U	B	V	P	F	L	E	G	E	F	G	M	I	E	B	T	I	U	V
H	A	U	S	A	R	B	E	I	T	R	T	L	O	M	P	K	F	U	N
I	E	N	K	E	L	B	E	T	R	E	U	U	N	G	I	L	P	E	Q
D	A	L	T	E	R	S	V	O	R	S	O	R	G	E	P	J	G	O	C
Q	S	E	L	G	Y	A	T	J	G	A	R	T	E	N	F	E	S	T	P
M	N	D	A	K	T	V	M	N	A	T	U	R	F	R	E	U	N	D	E
T	N	O	N	U	E	E	O	K	L	A	C	A	Y	X	B	J	V	P	T
K	T	J	D	N	U	R	R	V	S	Z	B	L	U	V	V	T	U	K	C
F	T	G	P	S	D	E	G	L	N	F	Z	F	B	L	A	N	U	P	S
K	Z	P	A	T	L	I	E	E	N	G	A	G	E	M	E	N	T	S	K
B	Y	W	R	G	T	N	N	E	J	E	H	Z	U	W	M	F	L	Y	B
I	K	E	T	E	S	E	R	M	T	I	E	R	S	C	H	U	T	Z	P
K	P	C	I	S	J	O	O	Q	F	T	K	J	H	G	I	Q	G	Z	Z
J	U	V	E	C	T	Z	U	A	T	S	D	Z	E	U	H	K	D	S	T
F	Z	T	H	H	N	U	T	Y	R	U	H	E	O	A	S	E	V	V	Y
G	Z	Z	P	I	R	R	I	I	R	E	G	S	K	Y	W	S	O	K	B
E	L	I	J	C	W	O	N	D	O	S	A	Q	L	J	W	J	A	V	U
F	E	A	W	H	W	U	E	U	I	H	C	D	W	C	K	O	S	D	U
N	X	H	K	T	M	I	J	J	S	J	E	P	B	U	N	D	M	L	T
T	Z	F	A	E	E	G	X	V	O	R	H	Q	U	Z	X	X	B	Q	J

LÖSUNGEN

9

WORTFINDUNGSSTÖRUNG? NICHT BEI MIR!

Y	E	G	R	E	N	T	N	E	R	T	R	E	F	F	H	C	K	L	M
W	E	S	U	V	V	L	K	B	K	V	A	T	F	G	I	A	R	E	Z
L	X	D	P	O	O	P	V	S	R	U	X	J	E	V	B	U	A	S	M
C	L	U	G	G	G	F	N	Y	A	T	D	W	R	A	Y	G	E	E	K
W	I	L	Y	E	E	L	Z	W	E	A	Y	B	I	Q	X	E	U	Z	F
D	S	T	N	L	L	A	K	G	U	I	Y	I	E	R	I	W	T	I	K
W	M	F	Q	B	H	N	H	E	T	U	D	U	N	M	T	U	E	R	M
F	Z	J	B	E	A	Z	P	M	E	P	X	S	D	H	O	V	R	K	A
P	R	Q	A	O	E	E	F	U	R	R	V	A	O	M	R	D	G	E	S
M	I	Q	L	B	U	N	A	E	K	P	K	L	M	V	P	Q	A	L	S
O	I	R	N	A	S	P	S	S	U	D	M	L	I	D	B	R	R	R	A
H	T	D	Z	C	C	F	K	E	N	J	M	I	Z	A	E	R	T	D	G
Q	Z	L	W	H	H	L	V	A	D	W	Y	F	I	I	P	D	E	G	E
S	H	I	R	T	E	E	X	N	E	A	K	E	L	A	W	K	N	U	N
Q	H	E	E	U	N	G	Y	B	G	P	I	C	K	N	I	C	K	I	H
Z	J	C	K	N	R	E	P	A	M	K	H	H	L	B	B	L	A	O	I
S	H	P	E	G	Z	Y	A	U	A	U	S	G	L	E	I	C	H	G	X
P	N	A	C	H	B	A	R	S	C	H	A	F	T	S	H	I	L	F	E
W	D	A	M	P	F	B	A	D	L	B	U	I	X	E	F	C	T	R	X
P	A	R	W	H	N	B	D	F	U	Y	R	T	L	X	I	A	Z	I	R

LÖSUNGEN

WORTFINDUNGSSTÖRUNG? NICHT BEI MIR!

10

D	K	B	Q	P	M	F	S	C	F	G	E	K	K	E	G	H	I	P	F
H	T	E	S	C	K	R	E	B	T	Y	U	U	E	I	D	O	I	A	E
N	W	R	E	D	W	P	N	E	D	Z	R	L	H	G	A	F	V	K	L
U	L	G	N	Z	O	H	I	R	L	D	Y	T	D	V	M	Y	R	O	D
R	R	W	I	R	H	A	O	G	A	S	I	U	J	C	P	F	G	P	S
L	U	A	O	V	L	U	R	P	N	N	F	R	E	X	F	R	T	X	P
U	D	N	R	S	B	S	E	A	D	U	G	R	J	C	E	D	H	G	A
F	W	D	E	A	E	A	N	N	U	Y	X	E	F	T	R	J	C	M	Z
T	I	E	N	H	F	P	F	O	R	C	B	I	A	N	F	F	D	M	I
K	T	R	W	D	I	O	R	R	L	X	R	S	X	Y	A	G	Z	Y	E
U	Z	N	O	O	N	T	E	A	A	F	A	E	N	W	H	N	T	Q	R
R	P	Y	H	T	D	H	U	M	U	H	D	P	I	P	R	R	H	U	G
O	F	T	N	V	E	E	N	A	B	A	T	L	V	U	T	K	S	X	A
R	F	C	U	V	N	K	D	M	V	K	O	W	A	I	J	S	M	K	N
T	H	I	N	J	Z	E	S	I	B	T	U	U	Q	W	N	S	N	Y	G
E	J	S	G	I	Z	X	C	W	Q	V	R	L	Z	D	V	W	V	T	N
Z	V	F	O	J	G	M	H	S	A	Q	E	W	X	N	P	D	S	H	G
R	L	Z	E	A	E	K	A	F	T	E	N	I	V	R	V	S	Q	H	U
W	V	W	R	W	A	S	F	E	D	F	R	U	E	H	S	P	O	R	T
B	E	X	U	N	D	H	T	B	R	I	E	F	W	E	C	H	S	E	L

LÖSUNGEN

WORTFINDUNGSSTÖRUNG? NICHT BEI MIR!

11

C	O	C	K	R	K	U	N	H	E	O	N	R	W	U	O	I	I	J	Q
N	G	E	M	U	E	S	E	G	A	R	T	E	N	U	Y	B	K	D	X
A	W	R	S	F	S	S	A	L	E	H	H	F	Y	S	J	J	V	K	D
C	J	N	G	T	G	G	A	T	I	H	M	N	L	U	S	U	D	P	L
H	Y	S	C	H	N	E	E	S	P	A	Z	I	E	R	G	A	N	G	Q
M	M	B	W	Z	K	B	D	T	T	X	D	O	R	F	F	E	S	T	O
I	J	V	I	Z	F	R	J	K	X	X	L	A	N	D	L	I	E	B	E
T	Y	H	R	I	L	S	P	D	C	O	U	Q	B	M	A	E	M	H	H
T	Y	S	T	A	D	T	B	E	S	I	C	H	T	I	G	U	N	G	O
A	W	A	O	W	W	U	W	O	M	E	D	B	D	G	V	U	J	X	I
G	X	W	B	M	R	B	G	B	P	O	R	A	A	G	H	H	R	N	L
S	G	E	M	A	E	L	D	E	A	U	S	S	T	E	L	L	U	N	G
K	U	U	P	L	E	B	E	N	S	P	L	A	N	U	N	G	S	I	E
A	H	O	Z	Q	M	X	Q	E	H	E	I	M	K	I	N	O	K	E	L
F	I	G	B	D	Q	E	F	L	K	Y	M	C	D	X	F	C	J	P	H
F	G	W	X	Y	I	C	T	A	C	B	N	A	T	U	R	P	A	R	K
E	A	P	K	P	U	W	S	E	N	I	O	R	E	N	K	I	N	O	V
E	E	N	T	S	P	A	N	N	U	N	G	S	O	A	S	E	G	K	P
W	E	I	N	F	E	S	T	Y	N	D	Y	N	Q	B	E	L	N	U	A
E	T	C	D	A	R	Z	E	Q	S	A	U	N	A	O	X	K	T	D	S

LÖSUNGEN

1

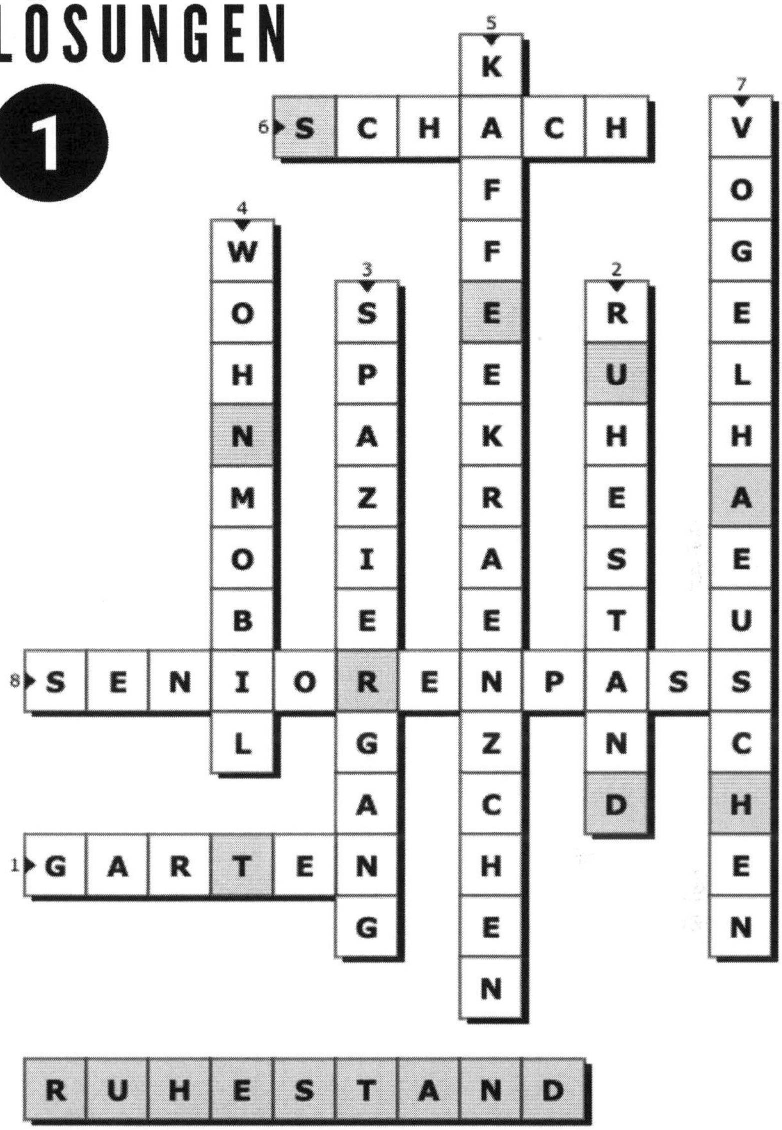

1. Wo verbringt man oft viel Zeit in der Rente?
2. Wie nennt man den Lebensabschnitt nach dem Berufsleben?
3. Was machen viele Senioren gerne morgens im Park?
4. Welches Fortbewegungsmittel wird oft fuer lange Reisen im Ruhestand genutzt?
5. Was ist eine typische Aktivitaet fuer Rentner am Sonntag?
6. Welches Spiel wird oft von Senioren in Parks gespielt?
7. Was haengt im Garten und wird von Voegeln genutzt?
8. Wie nennt man ein haeufiges Seniorenrabatt-Angebot fuer oeffentliche Verkehrsmittel?

LÖSUNGEN

2

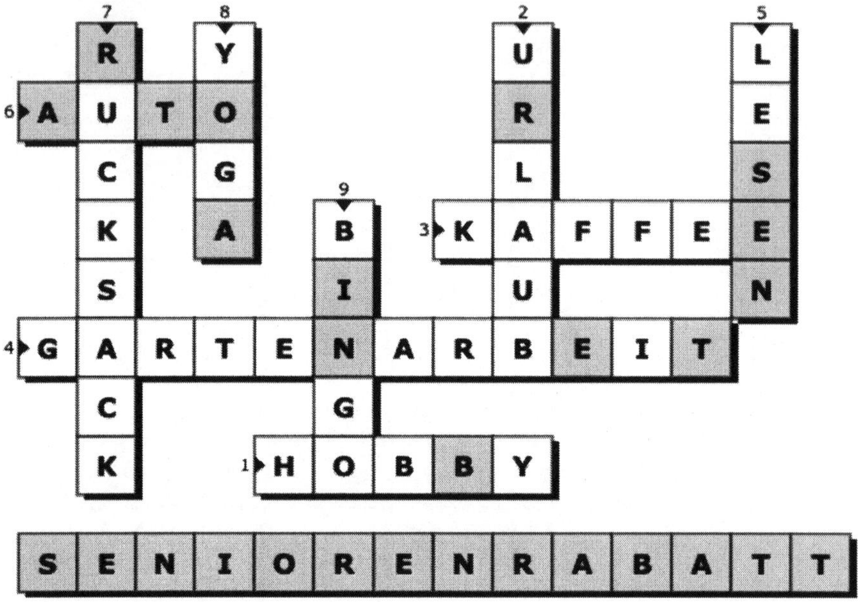

1. Welche Freizeitbeschaeftigung macht besonders Spass im Ruhestand?
2. Wie nennt man eine laengere Reise zu einem besonderen Ort?
3. Was trinken Senioren gerne am Nachmittag?
4. Welche Taetigkeit ist typisch fuer Senioren im Garten?
5. Wie nennt man eine ruhige Aktivitaet mit Buch und Tee?
6. Welches Fahrzeug nutzen Rentner oft fuer Tagesausfluege?
7. Was nimmt man mit auf eine Wanderung?
8. Welche Art von Aktivitaet bietet Entspannung und koerperliche Bewegung?
9. Wie nennt man ein beliebtes Gesellschaftsspiel fuer Senioren?

LÖSUNGEN 3

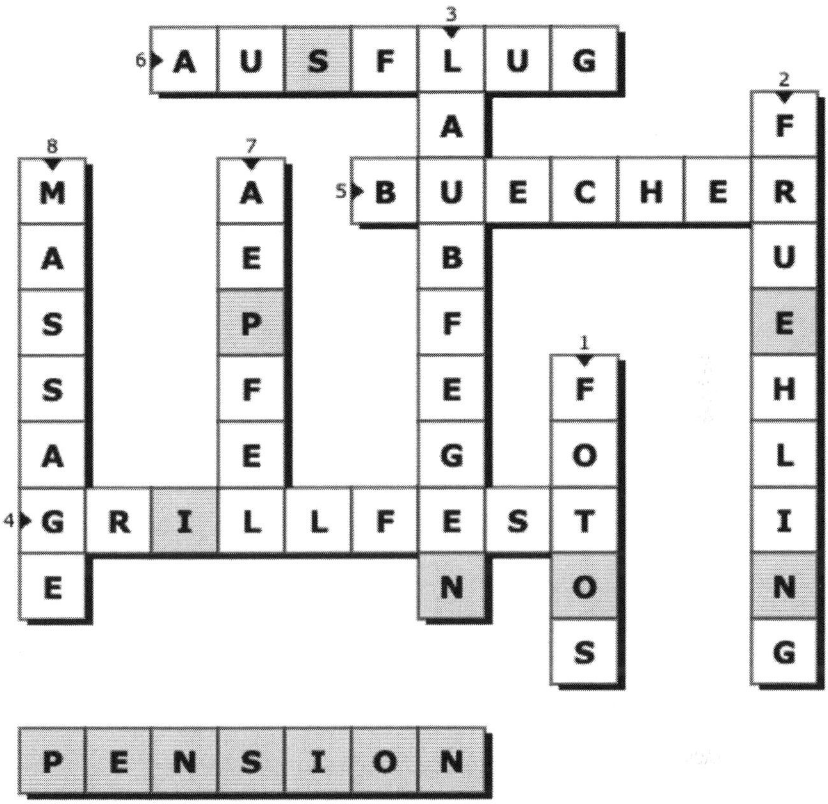

1. Was haengt man gerne an die Wand zur Erinnerung?
2. Welche Jahreszeit lieben viele Senioren wegen der Blumenpracht?
3. Was ist eine typische Aktivitaet im Herbst?
4. Wie nennt man ein grosses Familienereignis im Sommer?
5. Woher bekommt man das meiste Wissen?
6. Was ist eine haeufige Aktivitaet am Wochenende?
7. Welches Obst wird im Herbst oft gesammelt und verarbeitet?
8. Was hilft beim Entspannen und wird oft mit Aetherischen Oelen gemacht?

LÖSUNGEN 4

1. Was nutzen Senioren oft fuer ihre Reisen?
2. Welche Sportart betreiben Senioren oft am Morgen im Freien?
3. Wie nennt man das Zusammenkommen von Senioren zur Unterhaltung?
4. Was ist ein beliebter Treffpunkt fuer Senioren?
5. Welche Art von Buch lesen Senioren gerne?
6. Wo macht man im Sommer gerne Urlaub?
7. Was ist eine wichtige Uebung fuer Senioren zur Verbesserung der Balance?
8. Welche Zeitungsrubrik lesen Senioren haeufig?
9. Wie nennt man die erste Mahlzeit des Tages?
10. Welche Art von Musik hoeren Senioren oft?
11. Wie nennt man das regelmaessige Treffen von Freunden?
12. Was baut man im Garten oft an?

LÖSUNGEN 5

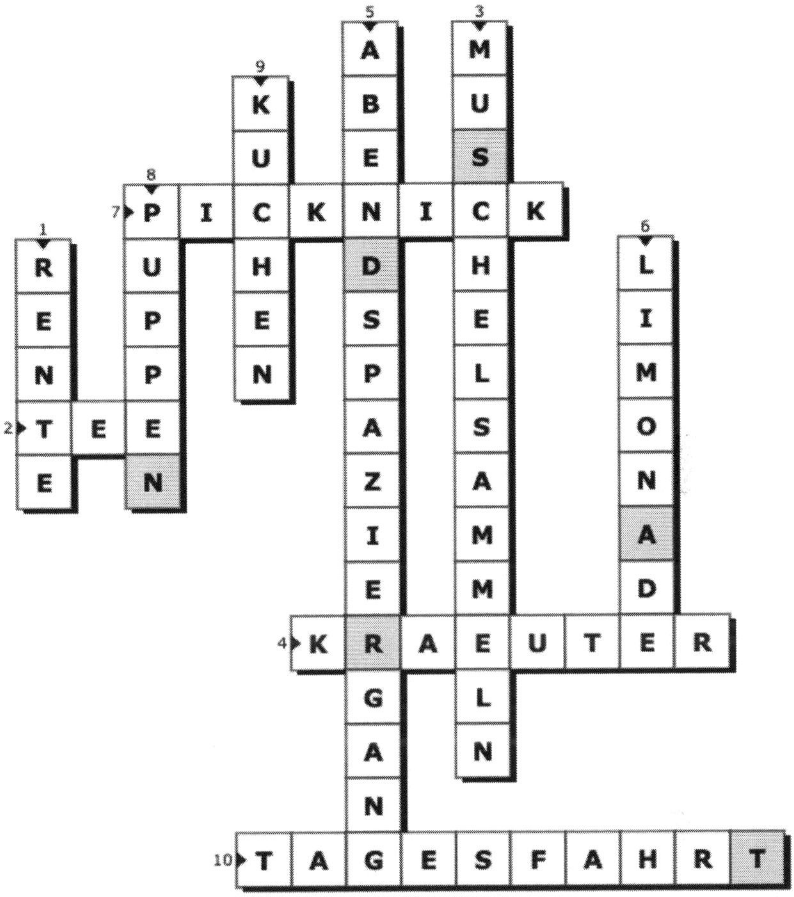

STRAND

1. Welche Zeit des Lebens beginnt nach dem Berufsleben?
2. Was trinken viele Senioren gerne zum Entspannen?
3. Welche Aktivitaet machen Senioren gerne am Strand?
4. Was bauen viele Rentner im Garten an?
5. Wie nennt man den Spaziergang am Abend?
6. Welches Getraenk genießt man oft in der Sonne?
7. Wie nennt man ein Treffen im Freien mit Essen und Trinken?
8. Welches Spielzeug haben viele Grosseltern im Haus fuer die Enkel?
9. Was ist ein beliebtes Gebaeck zur Kaffeezeit?
10. Welche Art von Ausflug machen Senioren gerne mit dem Bus?

LÖSUNGEN

6

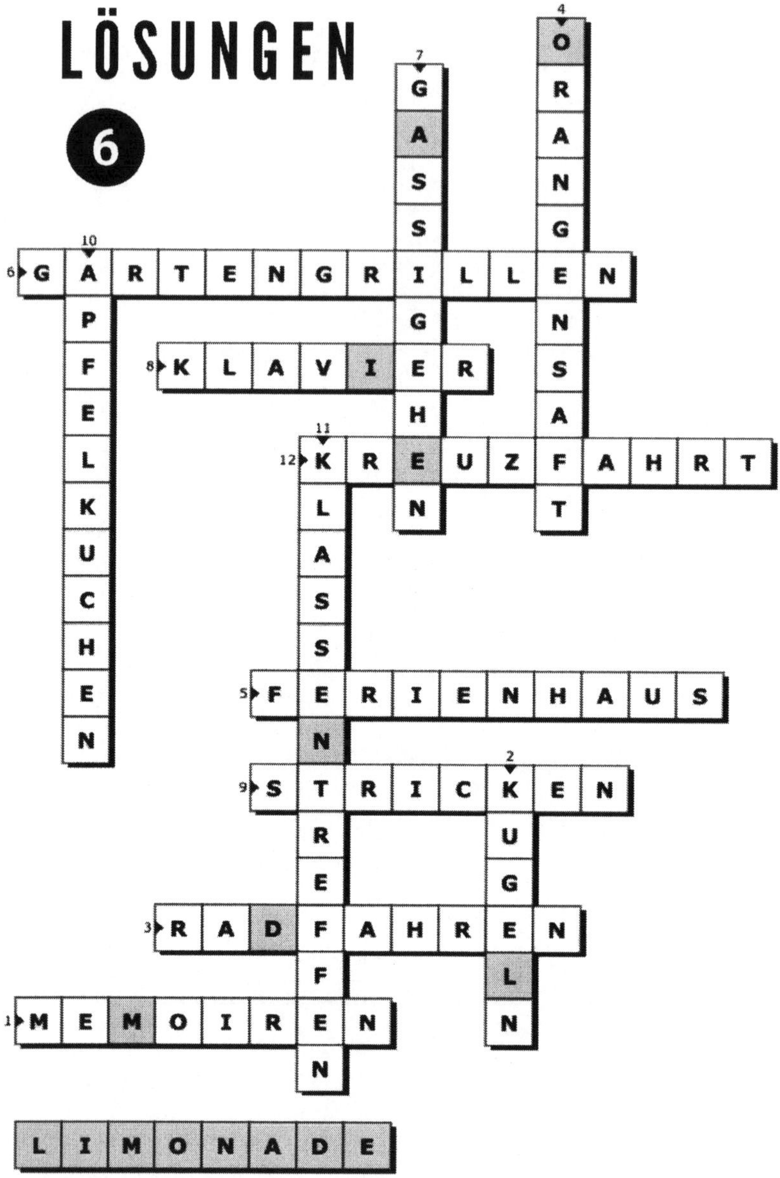

1. Wie nennt man das Schreiben von Erinnerungen aus dem Leben?
2. Was haengt man gerne an den Weihnachtsbaum?
3. Was ist eine gesunde Freizeitbeschaeftigung im Ruhestand?
4. Welches Getraenk wird oft zum Fruehstueck genossen?
5. Wie nennt man ein kleines Haus fuer den Urlaub?
6. Was machen viele Rentner am Wochenende im Garten?
7. Wie nennt man das taegliche Ausfuehren von Hunden?
8. Welches Musikinstrument lernen viele Senioren neu?
9. Was ist eine beliebte Aktivitaet im Winter?
10. Welche Art von Kuchen wird oft im Herbst gebacken?
11. Wo trifft man sich oft mit alten Schulfreunden?
12. Was ist ein beliebtes Reiseziel fuer Senioren?

Impressum

Deutschsprachige Erstausgabe August 2024.

Lisa Müller wird vertreten durch:
Tikva Verlag GmbH
Schillerstraße 26
79183 Waldkirch

Ich freue mich über Fragen, Anregungen und Feedback an:
philipp@tikva-verlag.de
Hinterlassen Sie uns sehr gerne auch eine Bewertung auf Amazon.

1. Auflage
ISBN: 9798336599091

Printed in Poland
by Amazon Fulfillment
Poland Sp. z o.o., Wrocław

39490547R00065